十二生肖

趣味读本

曹有凡 / 编 著

中国出版集团　现代出版社

图书在版编目(CIP)数据

十二生肖趣味读本 / 曹有凡编著. — 北京：现代

出版社，2020.6

ISBN 978-7-5143-8650-9

Ⅰ.①十… Ⅱ.①曹… Ⅲ.①十二生肖—通俗读物

Ⅳ.①K892.21-49

中国版本图书馆CIP数据核字（2020）第087875号

十二生肖趣味读本

作　　者	曹有凡	
责任编辑	袁　涛	
出版发行	现代出版社	
地　　址	北京市安定门外安华里504号	
邮政编码	100011	
电　　话	010-64267325 64245264	
网　　址	www.1980xd.com	
电子邮箱	xiandai@cnpitc.com.cn	
印　　制	北京政采印刷服务有限公司	
开　　本	710mm×1000mm　1/16	
印　　张	9.5	
字　　数	162千	
版　　次	2022年6月第1版　　2022年6月第1次印刷	
书　　号	ISBN 978-7-5143-8650-9	
定　　价	45.00元	

优秀传统文化是中华民族的精神命脉，是最深厚的文化软实力。党的十八大以来，以习近平同志为核心的党中央高度重视中华优秀传统文化的传承发展，始终从中华民族最深沉精神追求的深度看待优秀传统文化，从国家战略资源的高度继承优秀传统文化，从推动中华民族现代化进程的角度创新发展优秀传统文化，使之成为实现"两个一百年"奋斗目标和中华民族伟大复兴中国梦的根本性力量。作为一名教育工作者，传承优秀传统文化，责无旁贷。作为国务院特殊津贴专家、陕西省"特支计划"教学名师曹有凡工作室的主持人，我带领工作室团队，开发以生肖文化为主题的《十二生肖趣味读本》，意在为传承中华优秀传统文化尽一己之力，为基础教育课程改革开发新资源，填补咸阳市基础教育多学科融合课程资源的空缺，为多学科融合关联提供一个方向和范例。

当代科学研究和技术发明变得越来越复杂，进行移植与交叉，通过多学科或跨学科的研究，常常能够获得单一学科研究无法获得的创新成果。学科交叉融合成为一种新的思考方式和研究方法。基于以上认识，这册读本以十二生肖为主线，融合关联语文、美术、英语等学科知识，交叉读、诵、唱、画、做等多种方式，按照趣味阅读、英语广场、艺术乐园三个板块编排，充分体现趣味性，激发学生阅读和实践的兴趣，培养学生的创新意识和注意、观察、理解、记忆、想象、创造等多种能力，为提升学生综合素养奠定基础。

本书着重体现如下几个特点：

第一，趣味性。书中选取成语、诗歌、对联、中英文故事、儿歌、剪纸、绘画、邮票、手工艺品等，图文并茂，绘制了一条五彩缤纷、趣味盎然的文化长廊。

第二，综合性。本书以一条线索为主干，多学科直接关联，构建枝叶繁茂的知

识结构，多种学习类型并存，提升学生多方位阅读与鉴赏能力，是一本综合性较强的课外读物。

第三，通俗性。生肖即属相，无人不知，无人不有。生肖人人占一，公平公开。生肖文化主流属于平民文化，具有通俗性、生活性的特点。书中所选日常生活中的生肖文化现象比比皆是，俯仰成趣，通俗易懂。

本书经过主编的精心策划，全体编写人员多方收集资料，整合取舍，博采众长，同时数次研磨、集思广益，创作研发，历时三年，几易其稿，终和读者见面。本书呈现在大家面前，诚恳地希望大家在阅读过程中能将读本中存在的问题以及修改意见和建议及时反馈给我们，以便继续完善，使这册读本真正成为孩子的益友，成为弘扬传统文化的抓手，成为基础教育多学科融合、关联的范本。我们也期待在不久的将来，会有更多的传统文化与多学科融合、关联的读本如雨后春笋般涌现出来，掀起弘扬传统文化的一次又一次高潮。我们共同期待！

曹有凡

2019年9月16日

目录

十二生肖

十二生肖来历： 源于古时的计时和纪年

地支：子、丑、寅、卯、辰、巳、午、未、申、酉、戌、亥

动物：鼠、牛、虎、兔、龙、蛇、马、羊、猴、鸡、狗、猪

十二生肖通常用来纪年，是我国民间计算年龄的方法，是中国古代形成的一种独特的传统民俗文化现象，已成为中国传统文化的重要组成部分。

告诉孩子十二生肖真实排序原因

关于十二生肖的排序，民间有各种各样的传说。比如，当年轩辕黄帝要选十二种动物担任宫廷卫士，猫托老鼠帮他报名，老鼠给忘了，结果猫没有被选上，从此与鼠结下冤仇，等等。但这并不是真的，真实的十二生肖排序，可是大有学问的。

古人是从古代昼夜十二时辰的角度解说地支和肖兽的配属关系的。尔后，又在十二时辰的启发下，编排了十二个生肖的排序。

子时：夜半，又名子夜、中夜，十二时辰的第一个时辰。夜间11点至次日凌晨1点正是老鼠趁夜深人静，频繁活动之时，故称"子鼠"。

老鼠

丑时：鸡鸣，又名荒鸡，凌晨1点至3点。牛习惯夜间吃草，农家常在深夜起来挑灯喂牛，故称"丑牛"。

牛

寅时：平旦，又称黎明、早晨、日旦等，是夜与日的交替之际。凌晨3点至5点，此时昼伏夜行的老虎最凶猛，古人常会在此时听到虎啸声，故称"寅虎"。

老虎

卯时：日出，又名日始、破晓、旭日等。清晨5点至7点，天刚亮，兔子出窝，喜欢吃带有晨露的青草，故称"卯兔"。

兔子

辰时：食时，又名早食等。早晨7点至9点，古人"朝食"之时，也就是吃早饭时间，此时一般容易起雾，传说龙喜腾云驾雾，又值旭日东升，蒸蒸日上，故称"辰龙"。

龙

巳时：隅中，又名日禺等。上午9点至11点，大雾散去，艳阳高照，蛇类出洞觅食，故称"巳蛇"。

蛇

午时：日中，又名日正、中午等。中午11点至午后1点，古时野马未被人类驯服，每当午时，四处奔跑嘶鸣，故称"午马"。

马

　　未时：日昳，又名日跌、日央等。午后1点至3点，太阳偏西为日跌。有的地方称此时为"羊出坡"，意思是放羊的好时候，故称"未羊"。

羊

　　申时：晡时，又名日晡、夕食等。下午3点至5点，太阳偏西了，猴子喜在此时啼叫，故称"申猴"。

猴

　　酉时：日入，又名日落、日沉、傍晚，意为太阳落山的时候。下午5点至7点，太阳落山了，鸡在窝前打转，故称"酉鸡"。

鸡

　　戌时：黄昏，又名日夕、日暮、日晚等。傍晚7点至9点，此时太阳已经落山，天将黑未黑，天地昏黄，万物朦胧，故称黄昏。人劳碌一天，闩门准备休息了。狗卧门前守护，一有动静，就汪汪大叫，故称"戌狗"。

狗

亥时：人定，又名定昏等。夜间9点至11点。此时夜色已深，人们已经停止活动，安歇睡眠了。夜深人静，能听见猪拱槽的声音，故称"亥猪"。

猪

十二生肖为什么没有猫和大象呢？

传说中猫托老鼠帮他报名，老鼠给忘了，结果猫没有被选上，从此与鼠结下怨仇；据说大象也来报名，被老鼠钻进长鼻子折腾跑了，这都是后人强加的传说故事。事实上，猫和大象都不是原产于中国的动物，猫应该是跟随佛教一起从印度传入中国的。有人说是汉代，有人说是随唐三藏而来，不管如何，那时候中国的十二生肖已经成了定论，所以，猫和大象都不在"仙班"中，实属正常。

（本文摘自《人民日报》微信公众号2016年2月11日 编辑：蒋波 石磊）

民间剪纸传生肖

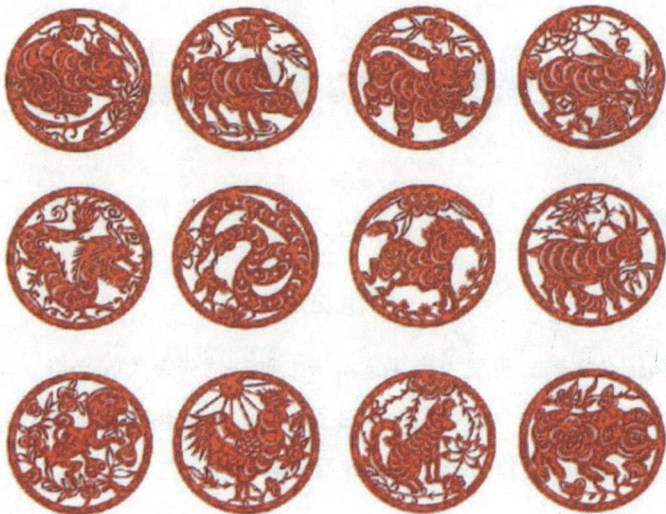

机敏之鼠

成语积累

鼠目寸光　　鼠肚鸡肠　　鼠窃狗盗

胆小如鼠　　投鼠忌器　　抱头鼠窜

属鼠人出生年份

……1960年，1972年，1984年，1996年，2008年，2020年，2032年……

趣味阅读

传说故事

猫鼠之怨

相传很久很久以前，玉皇大帝决定挑十二种动物代表人间生肖，并赐封为神。为体现公平原则，玉帝下令，在规定的日子，人间的动物都可以到天宫应选，并且以动物们赶到天宫的先后作为排名，只取最先赶到的十二名。

那时鼠和猫是一对好朋友，它们约定一同到天宫去争取当生肖，并约定到时老鼠来叫猫一同出发。可是，机灵的小老鼠想，人间的许多动物都比自己漂亮，并且还对人类有用，自己应当想个法子才能争取到属相。于是，在规定到天宫的那天一早，小老鼠悄悄地起来，也没去叫猫，自个儿偷偷跳到老牛的角中藏起来，好借着韧性最好、最勤奋的牛带自己上天宫去。老牛果然第一个赶到天宫大门。天亮了，四大天王刚打开天宫门，牛还没来得及抬蹄，小老鼠就从牛角中一跃而下，直奔天宫大殿。尽管玉帝不愿意封这个小小的老鼠为生肖，可是君无戏言，自己定下的规矩不能更改，玉帝只好宣布鼠为生肖之首。

猫在家等了半天，不见鼠的影子，只好自己赶去天宫。由于等待老鼠耽误了时间，等猫赶到天宫时，十二生肖的名额已排满，没有猫的份儿了。从此，猫恨透了老鼠，一见面就扑上去咬，以泄心中之愤。而老鼠呢，也觉得有些对不起朋友，见到猫就逃。直到今天，猫和鼠还是一对冤家。

趣味故事

猫（Modem）和鼠（Mouse）

你家买电脑了吗？可别忘了配上"猫"和鼠标。为什么要将电脑组件称作"猫"和"鼠标"呢？这是有来历的。

很久以前，有一只猫叫席地，它是捕鼠能手。它有一个与众不同的嗜好，那就是喜欢将每天捕到的老鼠戏弄一番再吃。戏弄的手法是让鼠辈们排成一长队，叫它们报数。数字只有两个，就是1和2，因为席地猫只会这两个数，多了它自己也弄不清楚。老鼠们只好听令，就"1、2，1、2，1、2，…"地报下去。报完后，席地猫就把报"1"的老鼠吃了。然后，命令剩下的老鼠再这样报数，再吃掉报"1"的老鼠。这样不断地报数，不断地吃。老鼠们个个胆战心惊，多么盼望自己每次都能报"2"啊，因为最后一个报"2"的老鼠就可以多活一天，将留下来和明天捕到的老鼠排在一起报数。

一天，席地猫发现每天留下的老鼠，总是那只身子不大，脑袋却很大，眼睛又大又圆的白胡须老鼠。席地猫想不通白胡须老鼠为什么每天都那么幸运，便注意它是怎么排队的。

第二天，席地猫捕到7只老鼠，加上白胡须老鼠共8只。在排队时，白胡须老鼠排在最后。席地猫想：排在最后就不会报到"1"吗？第一轮报数，白胡须老鼠报到了"2"，没有被吃掉，还剩下4只老鼠。第二轮报数，白胡须老鼠还是没有被吃到。第三轮过后，就只剩下白胡须老鼠。席地猫想：排在最后果然是最保险的了。

第三天，席地猫捕到6只老鼠，加上白胡须老鼠共7只。但在排队的时候，白胡须老鼠却排在中间的位置上。席地猫想：今天，白胡须老鼠躲不过去了。第一轮报数，白胡须老鼠又逃过了。第二轮过后，又只剩下白胡须老鼠一个。席地猫被弄糊涂了：到底是中间好，还是最后好呢？

第四天，席地猫捕到8只老鼠，加上白胡须老鼠共9只。席地猫注意看白胡须老鼠排在什么位置。可是，白胡须老鼠既不排中间，又不排最后，排在倒数第二位。几轮报数后，还是剩下白胡须老鼠一个。席地猫真弄不明白到底是怎么回事，决定去问问白胡须老鼠。

这天晚上，席地猫没有去逮老鼠，便和白胡须老鼠聊了起来。原来，白胡须老鼠在前几年一个冬天的大雪之夜，溜进了一个图书馆，发现了一本叫作《易经》的书。它觉得这本书非常有趣，虽然只用了两个符号"囗"和"——"，却推演出深奥的数学原理，简直可以包罗万象。白胡须老鼠天天夜里躲在那里咬文嚼字，用了整整两年时间，硬是把整部《易经》吞下了肚子。它发现"囗"和"——"用数字"1"和"0"来代替，可以表示所有的数目，可以进行各种各样的计算。一个多月前，它正演算得入迷的时候，没想到被席地猫一下逮住了。

席地猫听了，暗暗吃惊：可能是只神鼠，简直跟人类的数学家差不多。它好奇地问白胡须老鼠："你是怎么排队不让我吃掉的呢？"白胡须老鼠说："你每天都让我们'1'至'2'报数，然后吃掉单数的，留下双数的，这样不断进行。所以每天留下的一只，是报'2'的次数最多的那只。我在每天的数目中找到含有最多个因数'2'的位置就行了。"白胡须老鼠说起数学就来劲，把面前的天敌——席地猫当作了听课的小学生："由因数2的个数可组成一个数列，即2，4，8，16，32，64，128，256，……"

席地猫哪里听得懂这么多的数字，但是有一点它知道，白胡须老鼠知道得太多了，肯定不是普通的老鼠，一定是只神鼠，便放弃了吃掉它的念头，拜它为师，刻苦学习数学。白胡须老鼠知道自己已没有危险，就一心一意地研究"0"和"1"了。

不知过了多少年，它俩的研究被图灵和诺依曼两个科学家发现了。人类当然

比猫和鼠聪明，科学家比普通人更加聪明。图灵和诺依曼根据它俩的研究发明了电脑。电脑的中央处理器就只用两个数字"0"和"1"，在此基础上，人们又发明了数据通信、数字电视、数码相机、数控机床……数码产品越来越多。

多么神奇的"0"和"1"，人们没有忘记为之做出贡献的猫和鼠，尽管电脑不断升级，但还一直保留着猫（modem）和鼠（mouse）。

相鼠

选自《诗经》

相①鼠有皮，人而无仪②！人而无仪，不死何为？

相鼠有齿，人而无止③！人而无止，不死何俟④？

相鼠有体，人而无礼！人而无礼，胡不遄⑤死？

注释

① 相：查看。

② 仪：礼仪。

③ 止：节制。

④ 俟（sì）：等待。

⑤ 遄（chuān）：迅速。

译文

看那老鼠都有皮，做人怎不讲礼仪？

要是做人没礼仪，为何不死还活着？

看那老鼠有牙齿，做人怎不讲德行？

要是做人没德行，不死还想等什么？

看那老鼠有肢体，做人怎能不守礼？

要是做人不守礼，为何不赶快去死？

阅读提示

《相鼠》是《诗经》中的一篇，为先秦时代鄘国华夏族民歌。此诗歌明则描述老鼠，实则是对统治者用虚伪的礼节欺骗人民的辛辣讽刺，表达人民的深恶痛绝之情。

《诗经》是中国文学史上第一部诗歌总集，是中国韵文的源头，是中国史诗的起点。共收自西周初年至春秋中叶大约500多年的诗歌350篇，分为风（160篇）、雅（150篇）、颂（40篇）三大部分。

知识链接

中国民间对于老鼠是带有崇拜色彩的，有着很奇特的吉鼠文化。在关于十二生肖诞生的故事中，鼠成了开天功臣。"自混沌初分时，天开于子，地辟于丑，人生于寅，天地再交合，万物尽皆生。"民间俗称"鼠咬天开"，老鼠也成为开天辟地的英雄。

在中国民间古老的剪纸艺术中，对鼠的描绘也是喜爱多过厌恶的，如《老鼠娶亲》《老鼠合抽烟》《老鼠爬蜡台》《老鼠吃葡萄》《老鼠吃南瓜》等。在民间，老鼠还是祈福的吉祥意象。剪纸中的《瑞鼠祈祥》《灵鼠闹春》《福鼠临门》《禄鼠高晋》《寿鼠延年》《财鼠兴旺》《鼠回娘家》都表现了这一主题。

优秀习作

我属鼠

我属鼠，十二生肖里我最大。不过，我却很讨厌老鼠，自然不喜欢我的属相。因为老鼠白天躲在洞里，夜里却出洞偷东西，名声十分坏。一听到"鼠目寸光""过街老鼠"之类的话，我就不高兴，也变得不爱说话了，总喜欢把心事憋在心里，很少告诉别人，并不像那些整天吱吱乱叫的老鼠。我为人很诚实，对人说话

和声细语。一旦交了朋友，我便会对他十分真诚，别人也都愿意和我交朋友。这些性格一点都不像狡猾的老鼠。

有时，爸爸会和我开玩笑，叫我"小老鼠"。我总是非常生气，还会毫不客气地回敬爸爸："我是老鼠，那你就是一头猪了（我爸属猪）！"爸爸总是不以为然，哈哈大笑。有时，我也会因为属相而与姐姐争执，她总说我"过街老鼠，人人喊打"，这使我很难堪。因此，我总抱怨妈妈为何让我成为一个属老鼠的人，她如果能够再晚一年生下我，那么，我不就成了一个人人称赞的小牛了吗？唉！

我做事情的时候，身上总有一股倔劲，做不好不罢休：我从小就练习写字，每天写几张纸，写不好就接着写；做起难题来，也是用那股倔强劲儿认真地想，想不出来就不出去玩，不睡觉。凭着这股倔劲，我的成绩在班里名列前茅，被大家选为班里的学习委员，老师和同学都善意地叫我"机灵鼠"。慢慢地，我接受了这个鼓励和赞许的绰号，也开始喜欢我的属相了。

鼠，就是我的属相，我要通过自己的努力当一个勤劳、善良、勇敢聪明的"小老鼠"。

英语广场

Fun Reading

Do Not Burn Your House to Get Rid of a Mouse（投鼠忌器）

A long time ago, a rich man had a rare jade vase（稀有的玉瓶）. He loved the vase very much, because it was nice and valuable（有价值的）.

One night he saw a mouse jumping into the vase. It was trying to eat food. The man was very angry, so he threw（投，扔）a stone at the mouse. The mouse was killed, but the vase was also broken.

The broken vase made the man feel sad and sorry that he had thrown the stone.

So he tells people not to burn your house to get rid of a mouse.

Fun Learning

Let's chant

Out Goes The Rat（老鼠出来了）

Out goes the rat,

Out goes the cat,

Out goes the lady,

With the big green hat.

Out goes the rat,

Out goes the cat,

Out goes the lady,

With the big green hat.

Let's talk

Little Gray Mouse（小·灰鼠）

GIRL：Little gray mouse,

Where is your house?

MOUSE：I can show you my flat,

If you don't tell the cat.

My flat has no door.

I live under the floor.

I come out in the night.

And go back when it's light.

Can you find the animals' answer from the clouds?

（你能从云朵中找到动物们的答语吗？）

Rat's friend is rabbit. The rat is brown.

The elephant's name is Tom.

The tiger has five apples.

The fish is ten years old.

What color is the rat?

How old is the fish?

What's the elephant's name?

How many apples does the tiger have?

Who is rat's friend?

Who am I? （我是谁？）

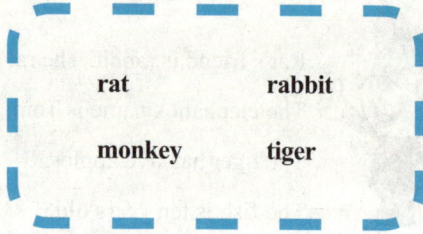

rat   rabbit

monkey   tiger

Please color the Mickey、（根据下文的描述给Mickey涂色。）

Hello! I'm Mickey. I'm a mouse. I wear a red T-shirt and blue shorts. I am in a brown hat. I wear yellow shoes and green gloves. Do you like me?

Fun Knowing

★ A rat crossing the street is chased by all.（过街老鼠，人人喊打。）

★ A cat in gloves catches no mice.（戴手套的猫抓不住老鼠。）

★ The mouse running into the mousetrap will be soon dead.（耗子进老鼠夹——离死不远。）

★ It is abnormal that the dog catches mice but the cat protects the house.（狗逮老鼠猫看家——反常。）

艺术乐园

鼠嗅觉灵敏，胆小多疑，警惕性很高。它的身体十分灵巧，既能飞檐走壁，又能越墙入室。人们常用"比老鼠还精"来形容某人的精明和机灵，由此可见，鼠已经成了精明和机灵的象征。

作品赏析

我们来看看艺术家们是怎样表现机灵、活泼可爱的老鼠的。

韩美林 《生肖鼠》　　齐白石 《祝君长寿》　　生肖邮票 《鼠》

想一想：画家表现的鼠体现了哪些不同特点？

我们来学习

画法步骤

步骤1：画出椭圆形头部。

步骤2：为小老鼠添加鼻子和耳朵。

步骤3：添画嘴巴、胡须和眼睛，注意眼睛的位置，以体现小老鼠的机警。

步骤4：添画身体部分。

步骤5：添画四肢。

步骤6：添加尾巴。

资料包

让我们根据老鼠的不同动态，展开联想进行创作吧！

学生作品

我们来看看同学们画笔下机灵、活泼可爱的老鼠。

王佳豪（10岁）

杨予曦（9岁）

周恩泽（10岁）

王嘉楠（7岁）

艺术实践

小老鼠发现了什么？发挥想象力，添画一幅有趣的画。

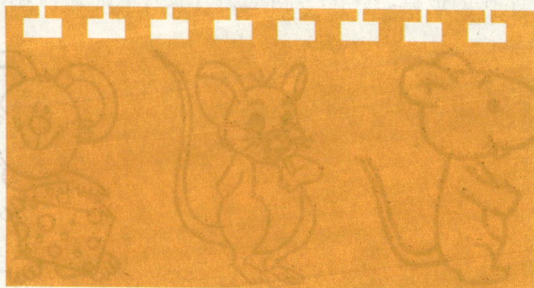

勤劳之牛

成语积累

牛刀小试　　汗牛充栋　　对牛弹琴

九牛一毛　　气壮如牛　　泥牛入海

属牛人出生年份

……1961年，1973年，1985年，1997年，2009年，2021年……

趣味阅读

成语故事

初生牛犊不怕虎

东汉末年，刘备从曹操手中夺取了汉中，并在此称王，下令关羽北取襄阳，进军樊城。关羽部将廖化、关平率军攻打襄阳，曹操部将曹仁领兵抵抗，结果大败，退守樊城。曹操派大将于禁为征南将军，以勇将庞德为先锋，领兵前往樊城救援。

庞德率领先锋部队来到樊城，让兵士们抬着一口棺材，走在队伍前面，表示誓与关羽决一死战。庞德耀武扬威，指名要与关羽决战。关羽出战，两人大战百余回合，不分胜负，两军各自鸣金收兵。关羽回到营寨，对关平说："庞德的刀法非常娴熟，真不愧为曹营勇将啊。"关平说："俗话说'刚生下来的小牛犊连老虎都不害怕'，对他不能轻视啊！"

这就是"初生牛犊不怕虎"的由来。

成语链接

汗牛充栋：指用牛运书，牛要累得出汗；用屋子放书，要放满整个屋子。形容藏书很多。

成语出自唐代柳宗元的《文通先生陆给事墓表》（又作《陆文通墓表》）。柳宗元对唐代学者陆质治学严谨深表敬佩，因为陆质对孔子的《春秋》特别有研究，著书《春秋集传纂例》《春秋集传辨疑》《春秋微旨》，所以，柳宗元在陆质死后为他作《文通先生陆给事墓表》："其为书，处则充栋宇，出则汗牛马。"

知识链接

老黄牛精神：老黄牛是农民劳作的伙伴，它具有吃苦、耐劳、奉献等精神。在中国人的心里，它是勤勤恳恳、埋头苦干的化身，是忠于职守、任劳任怨的劳动者的典型，是耿直倔强、顽强拼搏的开拓者的旗帜。老黄牛精神一直是中华民族精神的内涵之一，它彰显正义和善良，提倡无私奉献，崇尚开拓创新，弘扬忠诚实干。

在中国古典文学史上，唐代散文大家柳宗元的《牛赋》对牛的品格进行了高度的赞美；在中国的绘画史上，有被誉为十大传世珍宝之一的唐代韩滉的《五牛图》。在近代中国文学巨匠鲁迅的诗里，有"横眉冷对千夫指，俯首甘为孺子牛"的名句；在当代著名诗人臧克家的诗篇里，有《老黄牛》："块块荒田水和泥，深耕细作走东西。老牛亦解韶光贵，不待扬鞭自奋蹄。"在毛泽东的雄文中有"一切共产党员、一切革命家、一切革命文艺工作者，都应该以鲁迅为榜样，做无产阶级和人民大众的'牛'，鞠躬尽瘁，死而后已"的经典名言。

经典赏析

老牛叹

清·叶士鉴

老牛代①耕年已久，自问此生亦无负②，

但愿卖牛心莫③起，老牛不死耕不已。

注释

①代：代替。

②负：歉疚之意。

③莫：不要。

译文

老牛我代替人耕田年数已经很久，扪心自问我对人并没有什么亏欠，但愿主人不要起卖牛的念头，老牛我只要不死就会耕作不休。

阅读提示

这首诗写老牛的自叹。前两句首先说对主人的贡献：多年耕耘，自己并无所得，没有什么对不起主人的地方。第三句提出自己的期望：愿主人不要卖掉自己。为此，老牛苦苦乞求：只要我不死，我还可以耕田，对主人还是有用的啊！诗人代老牛写的自白，使我们不由得想到旧社会受雇于人的农民壮年时被雇，年老了被逐的悲惨命运。

佳句积累

诗句：牧童牛背绿杨烟，断续歌声独往返。——清·杨晋《柳塘春牧图》

牧童归去横牛背，短笛无腔信口吹。——宋·雷震《村晚》

老牛亦解韶光贵，不待扬鞭自奋蹄。——臧克家《老黄牛》

横眉冷对千夫指，俯首甘为孺子牛。——鲁迅《自嘲》

谚语：牛是农家宝，有勤无牛白起早。

初生牛犊不怕虎，长出角来反怕狼。

英语广场

🌱 Fun Reading

Cast Pearls Before Swine（对牛弹琴）

In the old times, there was a musician（音乐家）named Gongming Yi. He was good at playing music. Many people liked to listen to the music he played.

One day, Gongming Yi saw a bull. He thought, "Everyone enjoys my music. Why not play some music for this bull?"

He played a piece of music for the bull, but the bull just kept eating and showed no reaction（反应）. He played another piece of music, but the bull still kept its head down to eat the grass.

Gongming Yi was so sad and started to question himself. A passerby（路人）said to him, "It's not because your playing is bad, but because the bull can't understand music at all."

Fun Learning

Let's sing

Did You Feed My Cow? （你喂了我的奶牛吗？）

Did you feed my cow? Yes, mam.

Could you tell me how? Yes, mam.

How did you feed her? Call name then...

How did you feed her? Call name then...

Did you milk her good? Yes , mam.

Did your milk her like you should? Yes, mam.

How did you milk her? Squish squish squish.

How did you milk her? Squish squish squish.

Did the milk taste good? Yes, mam.

As good as it should? Yes, mam.

How did it taste? Yum yum yum.

How did it taste? Yum yum yum.

Can you find a sentence? Have a try！（你能找到一句话吗？试一试吧！）

v	q	h	d	g	h	a	s
j	i	e	l	a	e	y	c
s	t	a	s	o	m	e	x
u	f	c	o	w	s	w	a
c	h	a	x	r	b	u	n
h	o	r	s	e	s	g	d

Look and circle. (看一看，圈一圈。)

lionelleagmonkeyopyyduckkoortiger

Read and draw. (读一读，画一画。)

It is big. It is black and white. It has four legs and two big eyes. It can produce milk for people. It likes to eat grass. It is our friend. What is it? Can you guess? Please draw it!

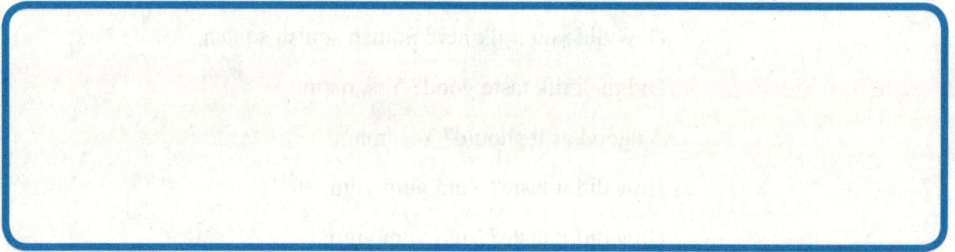

Fun Knowing

★ Early cows get the fresh grass. (早起母牛先得草。)

★ An experienced ox works better. (老牛犁沟直——姜还是老的辣。)

★ He has an ox on his tongue. (心事重得张不开口。)

Twister

The cow jumped over the moon

I like to jump, do you?

No, I like to play.

I like to jump, do you?

No, I like to laugh.

I like to jump.

We like to jump over the moon.

艺术乐园

我是勤劳、踏实、能干、任劳任怨的牛，是人们生活中的好朋友和好帮手。

作品赏析

从古到今，画牛的画家有很多，唐朝画家韩滉的《五牛图》就是我国十大传世名画之一。李可染、齐白石、徐悲鸿等都是画牛大师。

韩滉《五牛图》

李可染《牧牛图》

雕塑《拓荒牛》

想一想：生活中的牛与艺术作品中的牛有什么异同？

剪纸作品欣赏

剪纸是人们喜闻乐见的一种艺术表现形式，剪纸艺术作品融入了人们对美好生活的向往与追求。你仔细观察一下，说一说剪纸作品中的牛有什么特点。

我们来学习

同学们：动动手，来学习剪纸吧！

剪纸步骤

步骤1：用铅笔画出大样。

步骤2：剪出大轮廓。

步骤3：剪出眼、鼻、嘴。

步骤4：装饰。

资料包

剪纸中的基本纹样。

学生作品

葛紫彤（9岁）

王妍舒（10岁）

刘博欢（9岁）

肖吴林（10岁）

刘佳瑞（10岁）

艺术实践

利用我们所学的剪纸知识创作一幅以牛为主题的剪纸作品吧。

勇猛之虎

虎视眈眈　　虎背熊腰　　如虎添翼
藏龙卧虎　　狐假虎威　　羊入虎口

属虎人出生年份

⋯⋯1962年，1974年，1986年，1998年，2010年，2022年⋯⋯

趣味阅读

趣味故事

老虎的斑纹

从前，有处郁郁葱葱的大森林，那里美得像仙境一样。春天，鸟儿欢快地站在树上唱歌，花儿争奇斗艳，散发出香味；夏天，绿树成荫，晚上动物们还会举行歌会；秋天，果实累累，菊花、桂花竞相开放；冬天，雪花飘飘，小动物们打起了雪

仗。那里的生活多美好！小动物们也互相帮助，非常团结。在这个大森林里，老虎最爱帮助人，是大伙儿的好榜样。无论做什么事，老虎都会第一个站出来。

一天，小羊家里失火了，火势非常猛，小羊一家被困在火海里。这事被老虎知道了，它马上以最快的速度赶到小羊家。小兔子白白焦急地说："老虎大哥，怎么办？情况危急啊！"老虎下了决心，说："我一定要把小羊全家救出来！我现在就去！"话音刚落，老虎撒腿冲进了火海。"老虎大哥！危险啊！"小猴对着老虎喊道，可老虎早已听不到了。它奋不顾身地把正在哭泣的小羊救了出来。"老虎大哥，你一定要救救我的爸爸妈妈呀！"小羊带着哭腔，向老虎恳求道。"火势越来越猛了，再进去的话，你可能会性命不保啊！"小鹿劝阻道。老虎二话没说，又冲了进去……

就这样，经历了多次浴火考验，老虎成功救出了小羊全家，可是在它的身上却留下了永远抹不去的伤痕——被火烧焦的斑纹。这斑纹是丰功伟绩的证明。小动物们又在老虎的额头上写下一个"王"字，并让老虎做了大王。

从此，老虎就有了两个特点：身上漂亮的斑纹和额头上那个威武的"王"字。

成语故事

三人成虎①

庞葱与太子质于邯郸②，谓魏王曰："今一人言市有虎，王信之乎？"王曰："否。""二人言市有虎，王信之乎？"王曰："寡人疑之矣。""三人言市有虎，王信之乎？"王曰："寡人信之矣。"庞葱曰："夫③市之无虎明矣，然而三人言而成虎。今邯郸去④大梁也远于市，而议臣者⑤过于三人矣，愿⑥王察之矣。"王曰："寡人自为知。"于是辞行，而谗言⑦先至。后太子罢质，果⑧不得见。

注释

① 成语，出自西汉刘向整理的《战国策·魏策二》。

② 魏国大臣庞葱将要陪魏太子到赵国去做人质。邯郸：赵国国都，在今河北

邯郸市。

③夫：语气词，用于句首，表示下文要发表议论。

④去：距离。

⑤议臣者：议论我的人。议，议论，这里是非议，说人坏话。臣，庞葱自称。

⑥愿：希望。

⑦谗言：坏话。

⑧果：果真。

译文

魏国大夫庞葱和魏国太子一起作为赵国的人质，准备起程赴赵国国都邯郸。临行时，庞葱向魏王提出一个问题，他说："现在有一个人对您说看见闹市熙熙攘攘的人群中有一只老虎，君王相信吗？"魏王说："我当然不信。"庞葱又问："如果是两个人对您这样说呢？"魏王说："那我也不信。"庞葱紧接着追问了一句，道："如果增加到三个人也说亲眼看见了闹市中的老虎，君王是否相信？"魏王说道："既然这么多人都说看见了老虎，肯定确有其事，所以我不能不信。"庞葱听了这话以后，深有感触地说："众所周知，一只老虎是绝不敢闯入闹市之中的。如今君王不顾及情理、不深入调查，只凭三人说虎即肯定有虎，那么等我到了比闹市还远的邯郸，您要是听见三个或更多不喜欢我的人说我的坏话，岂不是要断言我是坏人吗？临别之前，我向您说出这点疑虑，希望君王一定要明察秋毫，不要轻信人言。"

庞葱走后，一些平时对他心怀不满的人开始在魏王面前说他的坏话。时间一长，魏王果然听信了这些谗言。当庞葱从邯郸回魏国时，魏王再也不愿意召见他了。

看起来，妖言惑众，流言蜚语多了，的确足以毁掉一个人。随声附和的人一多，白的也会被说成黑的，真是叫作"众口铄金，积毁销骨"。所以，我们对待任何事情都要有自己的分析，不要人云亦云，被假象所蒙蔽。

经典赏析

猛虎行（其二）

南北朝·谢惠连

猛虎潜深山，长啸自生风①。
人谓②客行乐，客行苦心伤。

注释

①生风：产生风，形容产生使人敬畏的声势或气派，声威凶猛。
②谓：说。

译文

凶猛的老虎在深山中隐匿生活，长啸之声声威凶猛。人类以为老虎云游山水很快乐，岂不知老虎为了生存而受尽艰辛。

阅读提示

虎的形象、虎的踪影时常出现在文人墨客的笔下，咏虎诗早已是诗作百花园中的一朵奇葩。以"猛虎行"为题的诗始于南北朝谢惠连。

诗人多以咏虎诗的表现形式针砭社会、抨击朝政、讽刺权贵、痛击黑恶势力，从而彰显了深刻的哲理。

英语广场

Fun Reading

The Tiger and the Fox（狐假虎威）

A tiger got a fox in the forest. He wanted to have it for lunch. The fox said, "You can't eat me. God sent me to rule the animals. If you eat me, God must be angry. Come with me, all the animals would be *afraid*（害怕）of me."

Then, the tiger followed the fox and *walked around* （四处走动）in the forest. All the animals ran away while seeing them. The tiger thought they were really afraid of the fox. But he didn't know that animals were afraid of the tiger itself, not the fox.

Fun Learning

Let's chant

Little Tiger（小老虎）

Little tiger, run so fast , run so fast.

Tell me where you are going?

Tell me where you are going?

Let me know！ Let me know！

Little tiger, little tiger,

Pass me by, pass me by!

Have you lost your mama?

Have you lost your papa?

Tell me why! Tell me why!

Little tiger, run so fast, run so fast.

Tell me where you are going!

Tell me where you are going!

Let me know! Let me know!

Little tiger, little tiger,

Pass me by, pass me by!

Have you lost your mama?

Have you lost your papa?

Tell me why! Tell me why!

Look and write. (看一看，写一写。)

（1）What's that?—It's a _____ .

（2）Is this a _____ ?—Yes, it is.

（3）I like _____ very much.

（4）I have four _____ on the farm.

（5）What can you see in the zoo?—I can see a _____.

Look and say.（看一看，说一说。）

What do they have in the zoo?

They have _____ in the zoo.

How many?

_____.

Read and draw.（读一读，画一画。）

A tiger is a kind of cat-amount（猫科）animal. It looks like a cat, but much bigger than a cat. A tiger is very cruel（残忍的）and it eats meat. It has yellow and black streaks（条纹）all over its body and it looks very beautiful. Its tail is long and strong and it can hit（袭击）its prey（猎物）.

Tigers live in the forests and small animals are their food.

根据英语材料，将下面的图补充完整。

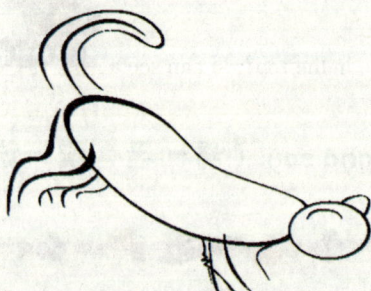

Fun Knowing

★ How can you catch tiger cubs without entering the tiger's lair?（不入虎穴，焉得虎子？）

★ A new-born calf has no fear of the tiger.（初生牛犊不怕虎。）

Twister

Tiger

I'm a tiger

Striped with fur

Don't come near

Or I might growl

Don't come near

Or I might growl

Don't come near

Or I might

BITE

艺术乐园

虎，俗称"老虎"，北方又叫作"大虫"，是一种凶猛的食肉猫科动物。它体形庞大，性情威猛，长期以来，一直是中华民族崇拜的图腾之一，同时也被人誉为"百兽之王"。老虎在民间被认为是驱邪避灾的象征，也因此受到民间无限信奉和崇敬。比如，在农村就有称呼小孩"虎娃""虎妞"的，逢年过节或小孩满月、周岁，也有长辈为孩子送上"虎头帽""虎头鞋""虎头枕"等，以示美好祝福。

作品赏析

用不同艺术表现手法完成的虎各具特色，同时也能表现出人们对虎的喜爱之情。

杜虎符

凤翔挂虎

凤翔立虎

刘继卣 《虎》

农民画作品欣赏

　　农民画是通俗画的一种，多系农民自己制作和自我欣赏的绘画与印画，风格奇特，手法夸张，有"东方毕加索"之美誉，其范围包括农民自印的纸马、门画、神像以及在炕头、灶头、房屋山墙和檐角绘制的吉祥图画。现代农民则有在纸上绘制乡土气息很浓的绘画作品的习惯，自20世纪50年代以来，逐渐形成了陕西宜君、江西永丰、南京六合、安徽萧县、西安鄠邑、延安安塞、江苏邳州、上海金山等地的农民画乡。有些地方的农民画已经被文化部门评为各类级别非物质文化遗产传承项目。

杜军护（兴平）《生肖虎》

杨彩霞（鄠邑）《虎娃》

刘沣涛（鄠邑）《满月》

李静如（鄠邑）《虎》

学生作品

李亦菲（10岁）

王浩然（7岁）

徐嘉妍（7岁）

张锦艺（7岁）

谨慎之兔

成语积累

兔死狐悲　　守株待兔　　玉兔东升
狡兔三窟　　兔丝燕麦　　兔走乌飞
兔角龟毛　　兔迹狐踪　　狮子搏兔

属兔人出生年份

……1963年，1975年，1987年，1999年，2011年，2023年……

趣味阅读

成语故事

兔死狐悲

　　从前，一只兔子和一只狐狸为对付共同的敌人——猎人，彼此联盟发誓要同生死，共患难。一天，当它们正在田野里享受大自然的美景时，不料一群猎人突然前来，一箭射死了兔子，狐狸也险遭不测。猎人走后，狐狸跑到兔子身旁，哀泣悲

悼。有个长者经过，看见狐狸在兔子旁边哭泣，觉得奇怪，就问狐狸哭泣的原因。狐狸悲伤地说："我和兔子同样是微小的动物，是猎人捕猎的对象。我们相约共同对敌。现在我的同盟被猎人射死，它今日的死亡，意味着我明天的死亡。我们是真正的朋友，我哪能不伤心哭泣呢？！"长者听了，叹着气，说："你哭得有理！"

"兔死狐悲"这个成语用来比喻因盟友的死亡或不幸而感到悲伤。

数学故事

《孙子算经》中记载了一个有趣的问题："今有雉兔同笼，上有三十五头，下有九十四足，问雉兔各几何？"这四句话的意思是：有若干只鸡、兔被关在同一个笼子里，从上面数，有35个头；从下面数，有94只脚。问笼中鸡和兔各有几只。

题目中给出了鸡兔共有35只，如果把兔子的两只前脚用绳子捆起来，看作一只脚；两只后脚也用绳子捆起来，看作一只脚，那么，兔子就成了两只脚，即把兔子都先当作两只脚的鸡。鸡兔总的脚数是 $35 \times 2 = 70$（只），比题中所说的94只要少 $94-70=24$（只）。现在，松开一只兔子脚上的绳子，总的脚数就会增加2只，即 $70+2=72$（只），再松开一只兔子脚上的绳子，总的脚数又增加2，如此每松开一只兔子脚上的绳子，总的脚数都会增加2，一直继续下去，直至增加到24。因此兔子数：$24 \div 2 = 12$（只），鸡有 $35-12=23$（只）。

列成算式就是 $2 \times 35 = 70$（只）

$94-70=24$（只）

$24 \div 2 = 12$（只）

$35-12=23$（只）

小朋友们，你们学会了吗？

经典赏析

《木兰辞》节选

北朝民歌

雄兔脚扑朔，雌兔眼迷离；

双兔傍地走①，安能辨我是雄雌？

注释

①傍（bàng）地走：贴着地面并排跑。

译文

提着兔子的耳朵悬在半空时，雄兔两只前脚时常动弹，雌兔两只眼睛时常眯着，所以容易辨认。雄雌两只兔子贴着地面并排跑，怎能辨别哪个是雄兔，哪个是雌兔呢？

阅读提示

《木兰辞》又称《木兰诗》，是一首北朝民歌，长篇叙事诗。此句来自《木兰辞》的最后一节，通过雄兔雌兔在跑动时不能区分的比喻，对木兰的才能和智慧加以赞扬和肯定，传达了"巾帼不让须眉"的观念，赞扬了木兰的英雄品格。

成语链接

扑朔迷离：指难辨兔的雌雄，形容事情错综复杂，难以辨别清楚或不容易看清真相。

例句：案件不停反转，扑朔迷离，不知谁是真正的嫌疑人。

知识链接

"兔"在中国是一个美好的字眼。它既是人的生肖之一，也与人类的生命、人

们美好的希望密切相连。兔机敏驯良，乖巧可爱，早已成为人类的朋友。老百姓一直把它视为吉祥之物。我国神话《嫦娥奔月》，与嫦娥相伴的是玉兔。在广寒宫里玉兔在桂花树下抱铁杵捣药，降福人间。文学作品中常将玉兔喻为明月，有"金乌西坠、玉兔东升""冰兔半开魄，铜壶微滴长"之说。《孙子兵法》有"动如脱兔"，《淮南子》有"以兔之走，使大如马，则逐日追风"，《三国演义》有"马如赤兔，关公千里走单骑"。唐代诗人王建曾在《宫诗》一百首中写到小白兔："新秋白兔大于拳，红耳霜毛趁草眠。天子不教人射击，玉鞭遮到马蹄前。"明代诗人谢承举的《白兔》："夜月丝千缕，秋风雪一团。神游苍玉阙，身在烂银盘。露下仙芝湿，香生月桂寒。姮娥如可问，欲乞万年丹。"作者通过人与白兔共鸣的态度，从侧面揭示了小白兔的静美与可爱。民间艺术则称"兔"为"兔儿爷"，穿着大将军行头，造型生动诙谐，威风凛凛地骑在老虎背上，深受儿童喜爱。

英语广场

Fun Reading

The Rabbit and the Turtle（龟兔赛跑）

There was a rabbit and a turtle in the forest. The rabbit thought he was the fastest and he could win any *races*（赛跑）. One day, the rabbit met the turtle.

Rabbit：Do you want to race with me?

Turtle：Yes, I do .

Rabbit：Ha, ha！Your legs are too short. You will lose the race.

At the race, all the animals came and *laughed at*（嘲笑）the turtle.

Rabbit：I will finish first.

Turtle：I will try my best.

The race began. All the animals were excited. "Go，go，go"，they said.

Rabbit：I am fast, I will win. Oh, there is a tree, let me rest under the tree.

Turtle：I can do it! I can do it! My legs are short and I am slow, but I won't give up. I believe I can win this race.

All the animals：Hooray! The turtle wins the race.

Rabbit：（The rabbit wakes up.）Where is the turtle?

The rabbit ran, but it was too late.

Turtle：I am slow. I have short legs. I am not fast, but I did it!

Fun Learning

Let's chant

Little Peter Rabbit（小兔子彼得）

Little Peter Rabbit had a fly upon his ear.

Little Peter Rabbit had a fly upon his ear.

Little Peter Rabbit had a fly upon his ear.

And he flicked it till it flew away!

Little Peter Rabbit had a fly upon his ♫.

Little Peter Rabbit had a fly upon his ♫.

Little Peter Rabbit had a fly upon his ♫.

And he flicked it till it flew away!

Little Peter Rabbit had a ♫ upon his ♫.

Little Peter Rabbit had a ♫ upon his ♫.

Little Peter Rabbit had a ♫ upon his ♫.

And he flicked it till it flew away!

Little Peter ♫ had a ♫ upon his ♫.

Little Peter ♫ had a ♫ upon his ♫.

Little Peter ♫ had a ♫ upon his ♫.

And he flicked it till it flew away!

Little ♫ ♪ had a ♫ ♪ upon his ♫.

Little ♫ ♪ had a ♫ upon his ♫.

Little ♫ ♪ had a ♫ upon his ♫.

And he flicked it till it flew away!

Look, choose and say.（我会看，我会说，我会选。）

What are you doing?

I'm_____lunch.

What do you want to be?

I want to be a_____.

What do you do on Sunday?

I_____on Sunday.

What's for breakfast?

I have_____for breakfast.

045

十二生肖 趣味读本

have having　　run　　runs　　grass meat　　teacher　　cook

Read and number.（我会读，我会排顺序。）

（1）The horse is running.

（2）The duck is singing songs.

（3）There are many animals on the farm.

（4）The rabbit is playing the guitar.

（5）The cat sleeps every day.

I can say.（我会说。）

Model：

Reporter：

What's your Mom's favorite animal?

046

Her favorite animal is...

There are three people in my family. Mom's favorite animal are   and   .

Dad's favorite animals are   and   . My favorite animals are   ,

and   .

Read and draw. （读一读，画一画。）

The little rabbit has white fur. Its two ears are long and *standing straight up* （竖起）

on its head. It is soft .It has two red eyes. How cute（可爱的）it is！Can you draw it?

Fun Knowing

★ He who chases two hares is sure to catch neither.（追逐两只兔，两头都落空。）

★ Even a rabbit will bite when it is cornered.（兔子逼急了还会咬人呢。）

★ A rabbit is never caught twice in the same place.（同一个错误不会犯两次。）

★ Cows can catch no rabbits.（老牛追兔子，有劲使不上。）

Let's read

The Fastest Rabbit（最快的兔子）

One day a mother rabbit was having a baby rabbit. The other rabbits could run fast

and could jump very high.

When the little rabbit was 4 months old, it started to talk. The first thing he said was "I want to jump very very high". After a few years when the little rabbit could say anything he wanted to say, he started to pray to God at night. He would always pray that he wanted to jump very very high and run very very fast.

One day he started a race with another rabbit. They were shoulder by shoulder. But he tripped and fell down. He looked up and he saw a fire-breathing dragon. The dragon told him that he could win this race if he really tried. Then the rabbit tried his best.

Finally he caught up with the other rabbit. Then he passed the finish line. And he won the race.

艺术乐园

兔是哺乳类动物。具有管状长耳，簇状短尾，多见于荒漠、草原或森林等。

作品赏析

兔乖巧可爱，因而在民间艺术中运用最多，各种民间工艺品中都有兔的形象。

兔灯

泥塑兔

雕刻玉兔

兔鞋

想一想，艺术作品中的兔子有什么特点？

泡泡泥作品欣赏

泡泡泥是用从纸里面提取的一种材料制造的。它手感柔软，色彩鲜艳，便于黏结，且易于保存，还可以调色，形成更为丰富的颜色，可神奇了。

我们来学习

制作步骤

步骤1：捏一个圆形，做兔子头部。

步骤2：粘上耳朵。

步骤3：用粉色彩泥捏出兔子的身体。

步骤4：粘上眼睛和鼻子。

步骤5：粘上四肢。

步骤6：捏出三角巾，用作装饰。

学生作品

泡泡泥《勤劳的小兔》
宋雨晨（9岁）

泡泡泥《小兔子生气了》
往伯宸（8岁）

泡泡泥《兔宝宝》
邵奕蒙（9岁）

泡泡泥《小兔》
朱沁彤（9岁）

艺术实践

利用泡泡泥创作一个以兔子为主题的作品。

艺术拓展

其他形式的兔子。

手工衍纸兔

瓶盖组合兔

谷物粘贴兔

刖毅之龙

成语积累

龙腾虎跃　　龙凤呈祥　　画龙点睛
攀龙附凤　　望子成龙　　车水马龙

属龙人出生年份

……1964年，1976年，1988年，2000年，2012年，2024年……

趣味阅读

历史传说

包拯与"包龙图"

包拯，北宋名臣，因廉洁公正、铁面无私，被称为"包青天"。"包青天"这个称号是家喻户晓、妇孺皆知的，但是包拯还有一个称号叫"包龙图"，这个称号一般只在小说和戏剧中见到。例如，明代小说《警世通言》中有《三现身包龙图断冤》一章，《铡美案》剧中有"包龙图打坐开封府"唱词。包拯为什么又叫"包龙图"？说来有个故事。

这个故事与《狸猫换太子》的故事有关，讲的是北宋真宗皇帝赵恒的妃子李宸，产下第六皇子赵祯，即后来的宋仁宗。然刘妃心生妒忌，与太监郭槐合谋定计，用死狸猫换出皇子并向真宗报喜，说是刘妃所生，接着诬说李妃生了个妖怪。

刘妃遂被扶为正宫，李妃则被打入冷宫。后来李妃逃到陈州（宋升为淮宁府，属河南）。真宗死后，赵祯继位。李妃被贬十八年后，有一次，包拯奉旨赴陈州调查国舅庞煜放赈舞弊案，李妃闻知，向他申冤。包拯问明原委，回朝密审了郭槐，取得了确凿证据，乃将实情禀告仁宗，仁宗很快就把母亲李妃接回皇宫。

对此，仁宗非常感激包拯，亲自画了一幅包拯的半身像赐予包拯，以示褒奖。因皇帝自命为真龙天子，是龙的化身，故而仁宗作的图画便被称为"龙图"。"龙图"不是可以随便乱挂的，仁宗就给包拯赐造了一座楼阁，专挂"龙图"，称为"龙图阁"，也作为包拯的府邸。后来，仁宗又封包拯为"龙图阁直学士"。自此，"龙图阁"正式作为一种官职名称，包拯也就叫"包龙图"了。

诗歌朗诵

龙的歌

作者：张凯 王之勋

奶奶的故事里有条龙
龙的故事我最爱听
万里长城是龙的骨
北京就是龙的心
长江黄河是龙的血
中华的土地是龙的身
龙的传人一代又一代
我们都是龙的子孙

龙的子孙黄色的皮肤
龙的子孙同有一个根

爷爷的故事里有条龙
我听到沉重的喘息声
骨子里刻下的是屈辱
心脏跳动的是抗争
忧患中你从不低头
胜利时你昂首挺起胸

我心中的龙是五彩龙
扶摇展翅要腾空
龙的骨就是我的骨
龙的心就是我的心
辛勤汗水龙的血
血与肉再塑龙的身

龙的传人一代又一代
我们都是龙的子孙
龙的子孙黄色的皮肤
龙的子孙同有一个根
龙的子孙都是一家人
天涯海角同一个魂
龙的子孙有一个祝福
年年岁岁同回声

经典赏析

龙

唐·李峤

衔①烛耀②幽都，含章拟③凤雏。

西秦饮渭水，东洛荐河图。

带火移星陆，升云出鼎湖。

希逢圣人步，庭阙正晨趋。

注释

① 衔：含。

② 耀：照耀。

③ 拟：类似。

阅读提示

前两句写龙可带来光明，照耀幽都。中间四句写龙为圣君盛世祥瑞之物。"饮渭水"中渭水是西周王都所在地，"移星陆"指龙带着火游动于天宇之中。"出鼎湖"指龙乘云而上出荆山，传说皇帝铸鼎于荆山下，鼎成后有苍龙迎皇帝升天。以上都是成就功业的吉兆。最后一句指出龙就是当今的天子，朝臣应参拜君王，表达了诗人对龙以及唐朝盛世的歌颂。

知识链接

> 查资料，看看龙身上还有哪些动物的长相？

（1）龙，集数种动物长相于一身，是我们中华民族的精神象征。它有着鹰的利爪、鱼的尾巴、蛇的躯干、鹿的角……在中国古代神话中，龙是一种神灵，它掌管着天地的雨水，并且能幻化成人形。封建时代，龙是帝王的象征，也用来指帝王和帝王的东西：龙种、龙颜、龙廷、龙袍、龙宫等。龙在中国传统的十二生肖中排

第五，其与白虎、朱雀、玄武一起并称"四神兽"。

（2）传说龙有九个儿子，分别是老大囚牛（qiú niú）、老二睚眦（yá zì）、老三嘲风（cháo fēng）、老四蒲牢（pú láo）、老五狻猊（suān ní）、老六赑屃（bì xì）、老七狴犴（bì àn）、老八负屃（fù xì）、老九螭吻/鸱尾（chī wěn/chī wěi）。另有说法为老大赑屃，老二螭吻/鸱尾，老三蒲牢，老四狴犴，老五饕餮（tāo tiè）、老六蚣蝮（bā xià）、老七睚眦，老八狻猊，老九椒图（jiāo tú）。有的说法还把螭首、麒麟、朝天吼（犼）、貔貅也加入龙子之列。

推荐阅读《生肖龙》。

英语广场

Fun Reading

Mr. Ye's Love for the Dragon（叶公好龙）

There once was a young man, Lord Ye. He liked Chinese dragons very much. He drew many Chinese dragons in his house. His house became a world of dragons.

A real Chinese dragon heard of Mr. Ye's hobby and it was deeply moved. The dragon wanted to visit him and made a friend with him.

"Hi, Mr. Ye! Nice to meet you!" The real Chinese dragon had come to visit Mr. Ye. However, Mr. Ye was frightened and ran away as he could. "Oh, my God! Help! Help!" he ran and shouted.

Fun Learning

Let's chant

Ten Little Chinese Dragons （十·小·中国龙）

One little, two little, three little dragons

Four little, five little, six little dragons

Seven little, eight little, nine little dragons

Ten little Chinese dragons

Ten little, nine little, eight little dragons

Seven little, six little, five little dragons

Four little, three little, two little dragons

One little Chinese dragon

Read and find.（读英语，找图片。）

What holiday is it? It's New Year's day.

The boy's birth-year animal is_____.

What's the date today? It's June 1st.

你发现标签里缺什么字母了吗?

I have a 🦆 .　　d__ck

The little 🐔 is lovely.　　h__n

Do you have a little 🐶 .　　d__g

阅读下文，快给Chinese dragon涂上漂亮的颜色吧!

My name is Jack. I am a Chinese dragon. I am a *symbol*（象征）of Chinese *nation*（民族）and a symbol of good luck. I am usually yellow. I don't have wings, but I can fly. Besides, I am good at swimming in the sea. I have a pair of horns on my head. Do you like me?

Color it with your imagination.（用你的想象力给它涂颜色。）

Look and find. (看一看，找一找。)

动物的英语标签需要我们添加哪些字母宝宝？

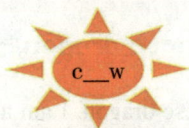

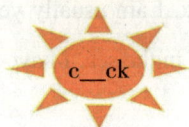

sh__p

c__w

p__g

h__rse

c__ck

d__ck

Fun Knowing

★ Dragon Boat Festival. (端午节。)

★ Even a dragon from the outside finds it hard to control a snake in its old haunt. (强龙难压地头蛇。)

艺术乐园

　　龙在古代一直是一种神秘的动物，是汉民族所敬奉的图腾，是吉祥的象征。龙代表着皇权，是独一无二的。传说龙能行云布雨、消灾降福，象征祥瑞，所以以舞龙的方式来祈求平安和丰收就成为全国各地汉族人民的一种习俗。

作品赏析

　　龙是皇权的象征，因而古时候在皇宫和显贵家族才会出现龙的图案，其中九龙壁就是最具代表性的作品。

北京北海公园九龙壁

青龙瓦（汉）　　玉猪龙（新石器时代）　　玉玺

看一看，说一说：龙的各个部位都具有哪些动物的特点？

- 前额（骆驼）
- 角（鹿角）
- 身（蛇身）
- 尾（鱼尾）
- 鳞（鱼鳞）
- 爪（鹰爪）

想一想：下列作品是用什么材料做成的？龙头、龙身、龙尾都是怎样表现的？

中国第一套邮票

中国在清光绪四年（1878年）六月开始发行邮票。第一套邮票共三枚，图案是一条五爪大龙，它在清代是皇权的象征，具有国徽的性质。这套邮票通称为"大龙邮票"。

艺术欣赏

现在的龙文化已遍布世界各地，成为中华文化的一个标志。

金属龙

布龙

秸秆龙

木龙

柔韧之蛇

画蛇添足　　蛇蝎心肠　　杯弓蛇影

牛鬼蛇神　　打草惊蛇　　佛口蛇心

属蛇人出生年份

……1965年，1977年，1989年，2001年，2013年，2025年……

趣味阅读

传说故事

蛇的生肖故事

很久以前，蛇和青蛙是朋友，不过蛇那时长有四条腿，青蛙却没有腿。青蛙不但要捉虫给蛇吃，还帮助人们捕害虫。因此人类厌恶蛇，喜欢青蛙。

蛇发现人们讨厌它，便开始仇视人，它见人就咬，见畜就吃，弄得人间很不

安宁。玉帝将蛇传上天宫，劝它改恶从善，蛇却无悔改之意。玉帝大怒，令神兵砍去蛇的四条腿，免得它害人。从此，蛇就失去了四条腿，玉帝将蛇的四条腿赐给青蛙，青蛙更努力捕捉害虫，以表感恩之情。蛇也知错改过，决心重新改造自己，也开始吃害虫，并拖着长长的躯体一声不响地为人类做好事。它还跟着龙学治水。蛇死后，也将自己的躯体献给人类，作为药物救治了许多病人。玉帝见蛇知过能改，在册封十二生肖时，让它排在龙的后面，当上了人类的生肖。

成语故事

杯弓蛇影

晋朝有个当官的人名叫乐广，性情恬淡，非常好客。他有个朋友常到他家来喝酒、聊天。

可是有很长时间不见那个朋友来家做客了。乐广很想念他，便前去看望。登门后，只见朋友卧在病床上，样子很憔悴，便关心地问道："你怎么病成这样，好些了吗？"朋友有气无力地回答说："上次去你家做客，刚端着酒杯喝酒时，见杯中有条蛇，心中十分厌恶。可是当时有好几个朋友在座，不便说出，也不好不喝，只得硬着头皮把酒喝了下去。回家之后，总觉得恶心，不知怎么就病倒了。"

乐广觉得奇怪，想来想去，终于记起在他家墙上挂有一张弓。他料想这位朋友所说的蛇一定是弓的影子倒映在酒杯中了。

看罢朋友，乐广回家。为了医治朋友的病，他便在原地置酒招待那位朋友。把那位朋友请来，乐广扶他坐在那天喝酒的位置上，斟上满满的一杯酒，恭敬地请他喝。朋友连连摆手说："杯里有蛇，我不喝！"这时乐广哈哈大笑，指着墙上的弓说明原委，那朋友恍然大悟，眉头舒展，疾病顿时痊愈。

后来人们把这个故事概括为"杯弓蛇影"，用来比喻因疑神疑鬼而引起恐惧，自相惊扰。

经典赏析

蛇衔草

昔①有田父耕地，值见创蛇在焉。有一蛇，衔草著②疮上，经日创蛇走。田父取其草余叶以③治疮，皆验④。本不知草名，因以"蛇衔"为名。

注释

① 昔：从前。

② 著（zhuó）：放。

③ 以：给。

④ 验：灵验，验证。

译文

从前有一位老农在耕地，看见一条受伤的蛇躺在那里。另有一条蛇衔来一棵草放在受伤蛇的伤口上。经过一天的时间，受伤的蛇就跑了。老农拾取那棵草其余的叶子给人治疮，全都灵验。本来不知道这种草的名字，所以就用"蛇衔草"当草名了。

小知识

草药：相传神农氏尝百草而治病。草药是中医药的重要组成部分，蛇衔草能治伤是古人的经验之谈。到了明朝，李时珍编著《本草纲目》，收载药物1892种，其中大部分是草药，它是世界药物学及植物学的重要文献。

知识链接

蛇的形象在《山海经》中以两种形式出现。

第一种：神或妖的"蛇身"

拥有"蛇身"的神多为主宰性的神，在《山海经》中未有说明的水神"共工"

也是"蛇身"，宋罗泌《路史·后纪二》注引《归藏·启筮》："共工人面蛇身朱发。"这里的"蛇身"是力量的代表，这种力量与蛇的生殖能力是分不开的，上古的人应该还是处于生殖崇拜的时期，所以主宰万物的力量的代表便是"蛇身"，所以在这里，我们把这种"蛇"的意象理解为"控"。

第二种："操蛇，饵蛇"

在《山海经》中有很多神是把蛇作为饰品佩戴在身上的。"操"便是拿，"饵"便是贯穿或插。一方面，或许表明了远古人捕蛇的传统；另一方面，蛇是神相，佩戴蛇便有力量的象征。所以在这里，我们暂且将"蛇"的意象理解为"力量"。

英语广场

Fun Reading

Adding Feet to a Snake（画蛇添足）

One day, two friends had a party, and drank the wine while talking to each other. When they got to the last bottle of wine, they wondered who would get to drink it. So, they decided to have a contest to see who could draw a better snake. Whoever finished first and best would get to drink the last bottle of wine.

Soon, the first one finished his drawing. "Yeah, I've finished. I'm Number One." he said. Then he decided to add feet to the snake and began to draw again. While he was still drawing the feet to the snake, his friend finished

his drawing. Having won, he took the bottle of wine and began to drink it. As the first friend began to protest, the second friend politely said, "That isn't a snake. Snakes have no feet. I get the wine."

Fun Learning

Let's chant

Snake Family（蛇之家）

Daddy snake, daddy snake, where are you?

Here I am, here I am, how do you do?

Mommy snake, mommy snake, where are you?

Here I am, here I am, how do you do?

Brother snake, brother snake, where are you?

Here I am, here I am, how do you do?

Sister snake, sister snake, where are you?

Here I am, here I am, how do you do?

Baby snake, baby snake, where are you?

Here I am, here I am. Nice to meet you.

Read and act.（读一读，让我们一起扮演蛇宝宝。）

Hello, I am a snake. My name is Mike. Nice to meet you!

I am a snake, too! My name is Rose. Nice to meet you, too!

I am from China.
I am a Chinese snake.

I am from the USA.
I am an American snake.

You look beautiful!

Thank you.

Fill in the blanks. （看图片，你会让雪花标签更漂亮。）

（1）It is a   s_ak_   .

（2）There is a snake in the   gard_n   .

（3）I was born in the year of the   D_____   .

Can you write and draw? （你会写会画吗？）

Draw a snake and make up sentences by using the word "snake". （画一条蛇，并用关于蛇的单词造句。）

Model：There is a snake.

There are two snakes.

（1）_____.

（2）_____.

Color the snake green，color the tongue red，color the eyes black.

070

Fun Knowing

★ A snake in the grass.（潜伏的敌人。）

★ To warm a snake in one's bosom.（养虎遗患，姑息坏人。）

艺术乐园

蛇雅称"小龙"，以示人们对它的尊崇。蛇蜕下的皮叫作蛇蜕，也被称为"龙衣"，民俗农历二月二是蛇结束冬眠出洞活动的日子，也被称为"龙抬头"。

作品赏析

有关蛇的艺术形式和作品，你能想到哪些？看看这些，是不是与你想的一样？

农民画生肖蛇

布蛇玩偶

蛇形皮尺

蛇形板式

说一说：艺术作品中的蛇与生活中的蛇有什么异同？

线描作品欣赏

　　线描装饰画的绘画工具比较简单。它线条丰富，画面黑白分明，既可以随心所欲地进行装饰，又可以对物象进行细致入微的刻画，还可以训练我们的造型和想象能力，是同学们表达情感的一种绘画方式。下面我们通过几幅线描画来感受一下线描画的美感和艺术魅力吧。

线描画《蚕宝宝》

线描画《漂亮的花》

线描画《勤劳的小蜜蜂》

线描画《好朋友》

艺术实践

运用点线面的组合，完成主体为蛇的作品。

乌龟和蛇

小蛇王子

小伙伴

快乐的一天

奋进之马

成语积累

金戈铁马　　马到成功　　马不停蹄
老马识途　　汗马功劳　　一马平川

属马人出生年份

……1966年，1978年，1990年，2002年，2014年，2026年……

趣味阅读

王亥训马

传说有一次，黄帝的部下捕获了一匹野马，每当人接近它时，它就前蹄腾空，昂头嘶鸣，很凶悍，但并不伤害人和其他动物，只以草为食。当时大家都不知道这是什么动物。黄帝让驯养动物的能手王亥用木栏先把它圈起来。过了一段时间，王

亥发现栏杆外边又来了几匹野马，它们对着栏杆内的那匹野马叫个不停，不肯离开。过了一天，王亥把木栏门打开，外边的野马都冲进木栏，和栏内的野马相聚在一起。过了不长时间，其中一匹马生下了一只小马驹。王亥高兴极了。消息传开，人们也都纷纷前来观看。这些野马发现人类并不想伤害它们，因此变得十分温顺。特别是小马驹，很喜欢和人在一起玩耍。

有一天，王亥牵出一匹性格温顺的马，纵身跳上马背。马受惊了，猛地四蹄腾空飞奔起来，把王亥抛了下来。后来他想出了一个办法，用桑树皮拧成一条绳子，把马头绑好，然后跳上马背。马仍像上次一样，四蹄腾空飞奔起来，王亥吸取了上次教训，紧紧抓住绳子和马鬃，任凭马怎么奔跑，王亥总是不松手。跑了一阵后，马的速度减慢下来，直到马不再跑时，王亥才勒过马头，马儿顺从地回去了。

王亥骑马成功后，很多人前来观看。应龙是黄帝身边的一员大将，对骑马很感兴趣。他积极协助王亥驯马，练习骑马。一天马圈栏杆门没有关上，一只老虎闯进去把小马驹咬死了。情急之下，王亥和应龙带上弓箭，骑上马向老虎追去，把老虎射死在山谷中。在返回的路上，王亥、应龙又骑在马上顺便射死了几只鹿。他们的行动引起了皇后的注意。皇后便对黄帝说："既然骑在马上能追老虎，能射杀野兽，那么，打仗时能不能也骑在马上，追杀敌人？"皇后建议黄帝下一道命令："各部落所有打猎的人，今后出外打猎，一律不许射杀野马。凡能捉回野马者，给予奖励。"黄帝不仅同意这个建议，而且自己也开始练习骑马。他命应龙、王亥对捉回来的200多匹野马精心饲养，进行训练。应龙专门挑选了200多名精干的小伙子，每天从早到晚，既驯马，又练人。经过两年多的训练，中华民族最早的一支骑兵就这样诞生了。这支骑兵在后来的涿鹿大战中对皇帝战胜蚩尤起了重大作用。

知识链接

木牛流马

1700多年前，三国时蜀汉丞相诸葛亮发明了木牛流马，用此来运输粮食。木牛流马分为木牛与流马，据史料记载，于建兴九年至十二年（231—234）诸葛亮北伐时所使用。其载重为"一岁粮"，大约400斤，每日行程为"特行者数十里，群

行三十里"，为蜀国十万大军提供粮食。可是，木牛流马究竟是一种什么样的运输工具呢？千百年来，人们提出各种各样的看法，争论不休。查考史书，《三国志·诸葛亮传》记载："亮性长于巧思，损益连弩，木牛流马，皆出其意。"《三国志·后主传》记载："建兴九年，亮复出祁山，以木牛运，粮尽退军；十二年春，亮悉大众由斜谷出，以流马运，据武功五丈原，与司马宣王对于渭南。"由此可知，木牛流马确实是诸葛亮的发明，而且木牛流马分别是两种不同的运输工具，从木牛流马使用的时间顺序来看，先有木牛，后有流马，流马是木牛的改进版。

经典赏析

马 诗

唐·李贺

大漠沙如雪，

燕山月似钩。

何当金络脑^①，

快走踏清秋^②。

注释

① 金络脑：金子做的辔头，借指马受到重用。

② 清秋：清爽的秋天。

译文

大漠旷野，在月光下沙石像雪一样晶莹洁白，燕山山顶上，一弯金色的新月当空。什么时候才能披上威武的鞍具，在秋高气爽的疆场上驰骋，建树功勋呢？

阅读提示

《马诗》是通过咏马、赞马、慨叹马的命运，来表现志士的奇才异质、远大抱负及怀才不遇的感慨与愤懑，表现方法属比拟。此诗在比拟运用上别有意味。

实践乐园

读记谚语

人奔家乡马奔草。

马不打不奔，人不激不发。

马群奔驰靠头马。

见鞍思马，睹物思人。

好马不停蹄，好牛不停犁。

兵马未动，粮草先行。

快马不用鞭催，响鼓不用重槌。

路遥知马力，日久见人心。

英语广场

Fun Reading

The Horse and The Ass（马和驴的故事）

A horse and an ass were traveling together. The horse was not carrying anything, but the ass was carrying heavy weight. "I wish I were you," said the ass, "You have nothing to do, and wear such a beautiful harness."

The next day there was a great battle（战役）. The horse was badly wounded in the final battle.

The ass passed and saw the dying horse. "I was wrong, " said the ass, "Safety is much more important than beautiful clothes."

Fun Learning

Let's chant

Ride a cock-horse（骑竹马）

Ride a cock-horse to Banbury Cross

To see a fine lady upon a white horse

Rings on her fingers

And bells on her toes

She shall have music

Wherever she goes

To see a fine lady upon a white horse

Rings on her fingers

And bells on her toes

She shall have music

Wherever she goes

I can read and color.（我会读，我会涂颜色。）

（1）Color the ✎ black and white.

（2）Color the brown.

（3）Color the yellow.

（4）Color the black and white.

（5）Color the golden（金黄色）.

I can read and speak.（我会读，我会讲。）

Li Shan：Hello，Liu Zhaoyang！The weather is really nice today.

Liu Zhaoyang：Yeah. It is really nice.

Li Shan：I want to go to your grandpa's farm.

Liu Zhaoyang：Great，Let's go.

Li Shan：Wow，the farm is very beautiful. Oh，there are horses，they are very strong. Horses are my favorite animals. What about you?

Liu Zhaoyang：My favorite animal is the horse，too. The horses on the farm can help my grandpa with his farm work. They are very helpful!

Fun Knowing

★ Get off your high horse.（摆架子，目空一切。）

★ A running horse needs no spur.（奔马无须鞭策。）

★ You can lead a horse to water, but you can't make him drink.（带马到河边容易，逼马饮水难。）

Twister

At Night（在夜晚）

The horse sleeps in the stable.

The pig sleeps in the pen.

The squirrel sleeps in the tree hole.

The parrot sleeps in the cage.

The cat sleeps in the basket.

The goldfish sleeps in the fish bowl.

The moon sleeps in the sky.

Where do you sleep?

I sleep in my bed.

艺术乐园

马以它的忠诚、勤恳、灵性获得了人类的认同，它成为人类的生肖是当之无愧的。人们赞扬马的成语很多，如马到成功、万马奔腾等。在艺术作品中，马也被赋予了更丰富的象征意义。

🌿 作品赏析

马的形象在我们的生活中随处可见，下面几种艺术形式表现的马，都是人们经常使用的手法之一。

徐悲鸿　国画《马》

东汉青铜雕塑作品《马踏飞燕》

唐三彩《马》

农民画《马》

说一说：生活中的马与艺术作品中的马有什么异同？

剪贴画作品欣赏

剪贴画是一种特殊的画，和真正的绘画不一样。剪贴画不用笔和颜色，而是用各种材料剪贴而成。材料可选择彩纸、海绵纸，还可以选择生活中废弃的东西，所以有人称剪贴画是"环保艺术品"。剪贴画通过独特的制作技艺，巧妙地利用材料和其性能，充分展示了材料的美感，使整个画面具有浓浓的装饰风味。

我们来学习

制作步骤

步骤1：绘好马的图样，并将图案分为前后两部分，前边用白色表示，后边用阴影表示。

步骤2：分别将前后部分的图案印在海绵纸上（可用不同颜色的海绵纸）。

步骤3：将图案沿虚线剪下来（虚线部分为预留粘贴胶水处）。

步骤4：组合并添加完成。

学生作品

可爱的小马
曲珈贤（8岁）

摇摇马
张懿心（9岁）

小马过河（一）
窦子骁（9岁）

小马过河（二）
李玥瑶（10岁）

祥瑞之羊

羊肠小道　　羊入虎口　　亡羊补牢
顺手牵羊　　虎入羊群　　羊肠九曲

属羊人出生年份

……1967年，1979年，1991年，2003年，2015年，2027年……

趣味阅读

　　"三羊（阳）开泰"为吉祥语之一。"羊"和"阳"同音，羊在中国古代又被当成灵兽和吉祥物。很多"吉祥"的铭文都写成"吉羊"。《说文解字》说："羊，祥也。""三羊开泰"和"三阳开泰"都是吉祥之意。

数学故事

阿凡提分羊

阿凡提和巴依（维吾尔语：财主）是邻居。阿凡提家有6只羊，巴依家有12只羊。巴依是个贪心的家伙，总想把阿凡提的6只羊占为己有。

一天，巴依把自己家的羊卖出去6只，又偷来阿凡提家的6只羊，和剩下的6只羊混在一起，关在自家羊圈里，每边关3只。（如下表）

	羊羊羊	
羊羊羊	巴依的住处	羊羊羊
	羊羊羊	

后来，阿凡提发现自己的羊被关在巴依家的羊圈里，他温和地对巴依说："巴依老爷！我家的羊没有了，请你看看是不是跑到你家圈里去了？"狡猾的巴依回答说："阿凡提，别人都说你聪明，我看你蠢透了。你看，我家的羊，一只也不多，一只也不少，不是前后左右每边3只吗？"

聪明的阿凡提笑了一笑，把羊重新排了一下，每边还是3只。（如下表）

羊	羊羊	
羊羊	巴依的住处	羊羊
	羊羊	羊

巴依前后左右数了一遍，确实每边是3只羊，无话可说，只好眼看着阿凡提从自家圈里牵出2只羊。接着，阿凡提又把羊重新排了一下，每边还是3只羊（如下表），于是阿凡提又牵出了2只羊。

羊	羊	羊
羊	巴依的住处	羊
羊	羊	羊

巴依气急败坏地说："行了，阿凡提，我这里再没有你的羊了。"阿凡提笑着说："别急，巴依老爷，你这里还有我的2只羊呢。"阿凡提又把圈里的羊重新排

了一下，每边还是3只羊。于是阿凡提又牵出了自己的2只羊。阿凡提智斗巴依，终于牵回了被巴依偷的6只羊。

同学们，你们知道阿凡提最后一次是怎样把羊重新排的吗？试着说说。

经典赏析

田园乐七首（其四）

唐·王维

萋萋①春草秋绿，

落落②长松夏寒。

牛羊自归村巷，

童稚③不识衣冠④。

注释

① 萋萋：草木茂盛的样子。

② 落落：松树高大的样子。

③ 童稚：儿童，小孩。

④ 衣冠：士大夫的穿戴。

译文

茂盛的青草在秋天还呈现出生机勃勃的绿色。夏季里，高大的松树也带来阴凉。傍晚牛羊自在地回归村头巷中，村里的儿童不认识管家的服装。

阅读提示

《田园乐七首》是唐代诗人王维的一组六言诗，是作者退隐辋川时所作。这组诗表现了作者退居辋川之后与大自然相亲相近的无穷乐趣，充分体现了王维"诗中有画"的诗歌特色。

优秀习作

《狼和小羊》续写

狼不想再争辩了，大声喊道："你这个小坏蛋！骂我的不是你就是你爸爸，反正都一样！"说着，就往小羊身上扑去。

（以故事的结尾巧妙开启续写，让想象和续写浑然一体。）

狼用尖尖的爪子按住了小羊，小羊看了看老狼张开的大嘴巴，再看了看村子，急中生智想出了一条妙计。它对狼说："亲爱的狼先生，反正我被你抓住也逃不掉了，现在您不是很无聊吗？就让我学学您的叫声吧？"（"急中生智"将前段故事的结局来了个180度的大转弯，为下文的续写做好了铺垫。）老狼考虑了一下说："真是天大的发现啊！竟然有羊学狼的叫声？那就让你叫几声吧！"（以语言的个性化突出狼凶恶的本性。）小羊刚刚开口叫了三声"咩"，狼就打断它说："不对不对！我们狼不是这么叫的，你可要听好了，我们是这样叫的！"它昂起头放声"嗥嗥"地高叫着。

（以对话的形式展开故事情节，抓住语言凸显动物各自的本性。）

这时，村子里的大猎狗听到狼的叫声，猜测外出的小羊可能遇险了，就急忙跑出村子寻找。看到大猎狗向自己跑来，狼吓得赶紧丢下小羊，撒腿就跑。

看着老狼逃走的背影，小羊吁了口气。猎狗和小羊手牵着手，高高兴兴地回家了。

（人性化的结尾，给故事一个合理的结局。）

英语广场

Fun Reading

The Wolf and the Sheep（狼和小羊的故事）

A wolf was wounded（受伤）by dogs. He was in bed weakly. He was very hungry and thirsty. Once，a sheep passed by. He asked him to get some water from the river.

"If you bring me water，" he said，"I will give you some food." "No，" The sheep said，"If I bring you water，you will make me your food."

Fun Learning

Let's chant

It's a sheep（它是一只羊）

Baa baa，what is it?

Baa baa，what is it?

Baa baa，it's a sheep.

It's a sheep.

The sheep is walking，walking，walking.

The sheep is walking，walking now.

Read and write. (读英语写单词。)

Mr. Green has a_____ . She has a small_____ ,

twenty_____ , seventeen_____ , nineteen_____ ,

many_____ and some_____ . There are green_____

and many_____ .

我会用There be 句型说说我们喜欢的动物。

Model：

There is a dragon on the farm.

There are four horses on the farm.

There is _____.

There are _____.

There are _____.

Find friends.（找朋友。）

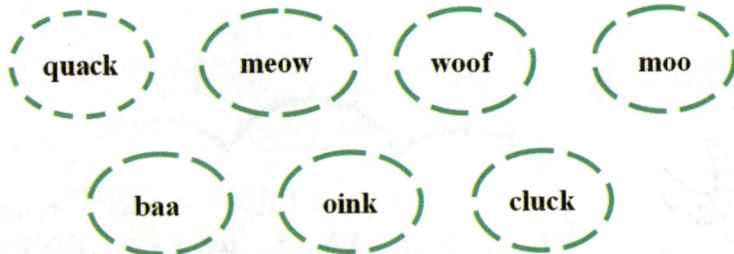

cat	duck	hen	sheep
pig	cow	dog	

quack meow woof moo

baa oink cluck

🌱 **Fun Knowing**

★ There's a black sheep in every flock. （每个家里都会有个败家子。）

★ The sheep who talks peace with a wolf will soon become mutton. （羊向狼乞求和平，很快就会变成羊肉。）

Let's read

The Remaining Sheep（剩下的羊）

The teacher said, "If the *shepherd*（牧羊人）put twenty sheeps out to feed on the grass in a field, five of them jumped a fence, how many sheep would be left?"

"None." called out little Mac. The teacher said, "I am surprised that you can't count correctly. I know that you are good at math, but you have made such a mistake now."

Little Mac said, "You know math well, teacher, but you don't know sheep. I know that if one sheep jumped, the rest will follow it to do the same."

艺术乐园

羊是中国远古先民崇拜的图腾，具有仁义公平、亲善祥和、权力与财富的象征意义。"羊"在古代与"祥"相通，"吉祥"也可写作"吉羊"，表示吉祥之意，羊是"祥瑞"的象征。古人年初在门上悬羊头，交往中送羊，以羊做聘礼，都是取其吉祥之意。

小朋友们最爱画羊咩咩了，你们知道艺术家们是怎样表现羊的吗？快来看看吧。

尹积昌等 《五羊石像》雕塑　　张迎春 《三阳开泰》国画　　郎世宁（清）《开泰图》

图中使用了哪些材料表现可爱的小羊？你还能想到用哪些材料来表现呢？

你能给下面的小羊涂上漂亮的颜色吗？

机灵之猴

成语积累

猴年马月	沐猴而冠	杀鸡儆猴
尖嘴猴腮	轩鹤冠猴	土龙沐猴

属猴人出生年份

……1968年，1980年，1992年，2004年，2016年，2028年……

趣味阅读

名著欣赏

《西游记》① 之《石猴出世》

海外有一国土，名曰傲来国。国近大海，海中有一座名山，唤为花果山。那座山正当顶上，有一块仙石，其石有三丈六尺五寸高，有二丈四尺围圆。四面更无树木遮阴，左右倒有芝兰相衬。盖自开辟以来，每受天真地秀，日精月华，感之既

久，遂有灵通之意。内育仙胞，一日迸裂，产一石卵，似圆球样大。因见风，化作一个石猴，五官俱备，四肢皆全。便就学爬学走，拜了四方。目运两道金光，射冲斗府②。那猴在山中，却会行走跳跃，食草木，饮涧泉，采山花，觅树果；与狼虫为伴，虎豹为群，獐鹿为友，猕猿为亲；夜宿石崖之下，朝游峰洞之中。真是"山中无甲子③，寒尽不知年"。

注释

①《西游记》：我国四大古典名著之一，作者是明代小说家吴承恩。四大古典名著还有《三国演义》《水浒传》《红楼梦》。

②斗府：指北斗星或斗宿。

③甲子：这里指历日。

经典赏析

登 高

唐·杜甫

风急天高猿啸哀，渚①清沙白鸟飞回②。

无边落木③萧萧④下，不尽长江滚滚来。

万里⑤悲秋常作客⑥，百年⑦多病独登台。

艰难苦恨繁霜鬓⑧，潦倒⑨新停⑩浊酒杯。

注释

①渚（zhǔ）：水中小块陆地。

②鸟飞回：鸟在疾风中飞舞盘旋。

③落木：指秋天飘落的树叶。

④萧萧：风吹落叶的声音。

⑤万里：指远离故乡。

⑥常作客：长期漂泊他乡。

⑦百年：犹言一生，这里借指晚年。

⑧艰难：兼指国运和自身命运。苦恨，极恨，极其遗憾。繁，增多。繁霜鬓，增多了白发。

⑨潦倒：衰颓，失意。这里指衰老多病，志不得伸。

⑩新停：刚刚停止。杜甫晚年因病戒酒，所以说"新停"。

译文

风急天高猿猴啼叫显得十分悲凉，水清沙白的河洲上有鸟儿在盘旋。无边的树木萧萧地飘下落叶，望不到头的长江水滚滚而来。悲对秋景感慨万里漂泊常年为客，一生当中疾病缠身，今日独上高台。历尽了艰难苦恨，白发长满了双鬓，衰颓满心偏又暂停了消愁的酒杯。

阅读提示

诗题也作《九日登高》，作于唐代宗大历二年（767）秋天的重阳节。古代农历九月九日有登高习俗。

杜甫写这首诗时，"安史之乱"已经结束四年了，但地方军阀们又乘时而起，相互争夺地盘，社会仍是一片混乱。在这种情势下，他只得继续"漂泊西南天地间"，在"何日是归年"的叹息声中苦苦挣扎。时代的艰难、家道的艰辛、个人的多病和壮志未酬，再加上好友李白、高适、严武的相继辞世……所有这些，像浓云似的时时压在他的心头，他为了排遣郁闷抱病登台。其实，"言为心声"，诗人在写诗的时候已经把感情融于笔端，从他的诗就可以体会他的内心。

歇后语

猴子爬竹竿——上窜下跳

猴子见水果——欢天喜地

猴子捞月亮——白欢喜一场

优秀习作

十二生肖邮票

在爸爸的集邮册里有很多种邮票，我最喜欢的是十二生肖里的几种动物邮票。

（开门见山，引出十二生肖邮票。）

细细欣赏每一枚邮票，只见猴子邮票中，咖啡色的皮毛，桃形的脸，滴溜溜直转的眼睛活灵活现。还有那灵巧的小老鼠，大大的耳朵下镶着黑宝石般的眼睛，灰白的身体更显出它可爱的样子。那忠诚的狗摇着尾巴，身上画满了白色的花纹，脖子上金黄色的铃铛就像镀上了金粉，它吐着舌头像是给主人做鬼脸。龙的身体长长的，那威武的龙头、逼真的身体像要活过来一样。爸妈都属虎，邮票中的虎高高地翘起尾巴，尾巴上花纹的颜色好看极了！

（抓住外形特征，运用多种表达方法，语言优美，形象生动。）

十二生肖邮票里的动物个个形象逼真，让人爱不释手。这些邮票伴随爸爸度过了快乐时光，现在也给我带来无限的快乐。

（总结特点，直抒胸臆，情感表达自然。）

英语广场

Fun Reading

Monkeys Fish out The Moon（猴子捞月）

One day, a little monkey was playing by the well. He looked in the well and shouted, "Oh! My god! The moon has fallen into the well!"

An older monkey came over, took a look at the well, and said, "Oh! My goodness! The moon is really in the water!" Then an even older monkey came to the edge of the well.

He was very surprised as well and cried out, "The moon is in the well." A group of monkeys all began to shout, "The moon did fall into the well! Come on! Let's get it out!"

Then, the oldest monkey hung on the tree upside down with his feet onto the branch（树枝）.And he took the next monkey by the feet.

All the other monkeys followed suit（照样子，学着做）. Each monkey linked together, one by one until they were able to reach the moon in the well.

Just then, the oldest monkey raised his head and happened to see the moon in the sky. He suddenly yelled out, "No! Wait! Don't be so foolish（愚蠢的）! The moon is still in the sky!"

Fun Learning

Let's chant

Five Little Monkeys（五只猴子）

Five little monkeys jumping on the bed,
One fell off and bumped his head.
Mama called the doctor and the doctor said,
"No more monkeys jumping on the bed."

Four little monkeys jumping on the bed,

One fell off and bumped his head.

Mama called the doctor and the doctor said,

"No more monkeys jumping on the bed."

Three little monkeys jumping on the bed,

One fell off and bumped his head.

Mama called the doctor and the doctor said,

"No more monkeys jumping on the bed."

Two little monkeys jumping on the bed,

One fell off and bumped his head.

Mama called the doctor and the doctor said,

"No more monkeys jumping on the bed."

One little monkey jumping on the bed,

He fell off and bumped his head.

Mama called the doctor and the doctor said,

"No more monkeys jumping on the bed."

Can you name the different parts of the monkey? Have a try!
（你能说出这只猴子身体每个部位的名称吗？试一试吧！）

| 5 | 6 | 4 | 1 | 2 | 3 |

eye

foot

head

hand　　ear　　tail

How many words can you make in 3 minutes? Use the 16 letters
in the grid! （方格中一共有16个字母，你在三分钟之内能拼出
几个单词呢？试一试吧！）

N	T	L	F
K	W	R	B
M	C	T	D
E	S	T	E

101

Can you draw a picture according to the dialogue？（你能根据对话画一画吗？）

——There is a monkey in the forest.

——Where is it?

——It's in the tree.

Fun Knowing

★ There are no tigers in the mountains. Monkeys are called kings.（山中无老虎，猴子称大王。）

★ Kill the chicken and show it to the monkey.（杀鸡给猴看。）

艺术乐园

汉族普遍认为猴为吉祥物。由于猴与侯谐音，在许多图画中，猴的形象表示封侯的意思。例如，一只猴子爬在枫树上挂印，取"封侯挂印"之意；一只猴子骑在马背上，取"马上封侯"之意；两只猴子坐在一棵松树上或一只猴子骑在另一只猴子的背上，取"辈辈封侯"之意。这些表达了封建社会人们对功名利禄的追求。"猴"本来就是"侯"，也同"侯"。"侯"的原意为"伺望，观察"，是猴性机灵聪明的一种表现。

作品赏析

机灵、活泼的小猴子在艺术家的笔下被表现得更加生动传神。

易元吉 《猿猴摘果图》

韩美林 《猴》

方楚雄 《嬉戏》

摄影 《同伴》

说一说：现实中的猴与艺术作品中的猴有什么不同？

我们来学习

你知道什么叫中国画吗

中国画也叫国画，顾名思义，就是用中国传统的绘画工具，按照中国人的审美习惯而画出来的画。中国画有着悠久的历史和优良的传统，在世界美术领域中自成体系，独树一帜，是我国传统文化的重要组成部分，是中华民族的宝贵财富。

毛笔的执笔方法

1. 握笔高度距离笔根约4厘米。

2. 小指紧挨无名指，不能碰到笔杆。

3. 握笔提示：握笔后，笔杆要能够随时上下移动、左右旋转，以检验握笔是否太死板、太生硬。

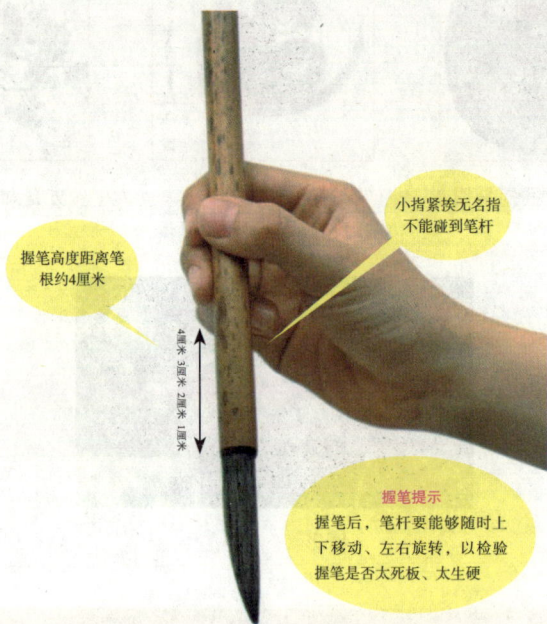

握笔高度距离笔根约4厘米

小指紧挨无名指不能碰到笔杆

4厘米 3厘米 2厘米 1厘米

握笔提示
握笔后，笔杆要能够随时上下移动、左右旋转，以检验握笔是否太死板、太生硬

墨分五色

墨色分为焦墨、浓墨、重墨、淡墨和清墨五色。

焦　浓　重　淡　清

中国画的不同用笔

中国画的用笔分为中锋、侧锋、逆锋等几种形式。

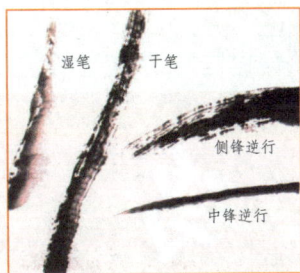

不同用笔　　　　　　　　不同用笔方法画出的猴子效果

学生作品

苏世浩（10岁）

宋雨辰（8岁）

刘一锦（7岁）

冯蕾玉（8岁）

报晓之鸡

成语积累

鸡毛蒜皮　　闻鸡起舞　　杀鸡取卵

鹤立鸡群　　小肚鸡肠　　呆若木鸡

属鸡人出生年份

……1969年，1981年，1993年，2005年，2017年，2029年……

趣味阅读

闻鸡起舞

　　西晋时的祖逖，从小勤练武术，钻研兵法，立志要做一番大事业。刘琨也是个有抱负的年轻人，两人很快便成了好朋友。一天晚上，半夜过后，祖逖忽然被一阵鸡鸣声吵醒，他连忙把刘琨唤醒，说："这鸡鸣声把人吵醒，虽然很讨厌，但我们

可以趁此机会早些起床练习武艺。"

"好啊!"刘琨欣然同意。于是两人来到院子里,专心地练起刀剑来。

从此,两人每到夜半,一听到鸡鸣,便起床练剑。

当时,祖逖看到国家被匈奴军队攻陷了很多城池,非常着急,立刻上书皇帝,请求率兵北伐,收复失地。

皇帝很高兴,封祖逖为奋威将军,带领军队北上。由于祖逖和刘琨作战英勇,不久便收复了很多北方的城池。他们"闻鸡起舞"的故事也成了流传至今的佳话。

经典赏析

画 鸡

明·唐寅①

头上红冠不用裁②,

满身雪白走将来③。

平生④不敢轻⑤言语,

一叫千门万户开。

注释

① 唐寅(1470—1524),字伯虎,又字子畏,号六如居士,吴县(今江苏苏州)人,明朝诗人、画家,与祝允明、文徵明、徐祯卿并称"吴中四才子",著有《六如居士集》。

② 裁:剪裁,制作。

③ 走将来:走过来。

④ 平生:平素、平常。

⑤ 轻:随便、轻易。

译文

头上的红色冠子不用特别剪裁,雄鸡身披雪白的羽毛雄赳赳地走来。它平生不

敢轻易鸣叫，它叫的时候，千家万户的门都打开了。

阅读提示

《画鸡》是一首题画诗，描绘了雄鸡优美高洁的形象，在当时统治阶级内部斗争泛滥的年代，托物言志，用通俗流畅的语言描绘了画作中那只羽毛雪白、冠顶通红的公鸡，赞颂了轻易不鸣，鸣则动人的品格，也表现了诗人的精神面貌和思想情怀。

知识链接

鸡与十二地支的"酉"相配，而"酉"字是鸡冠的象形。鸡在每天的时辰中占酉时，可是在每年的时间中占大年初一，正月初一为鸡日，酉鸡大吉。一个"酉"字概括了吉祥文化的两大主题：一是无所不镇，二是无所不有。因此，"贴倒酉"成了春节吉祥文化的一大亮点。

鸡有五德兼文武，即文、武、勇、仁、信。第一是"文"，古时官帽，文为冠，武为盔，公鸡红色的鸡冠高耸，又因冠、官谐音，于是派生出春节年画中的"冠上加官"，画面是由大公鸡和鸡冠花组成。第二是"武"，雄鸡争强好胜，利爪如刀，敢拼敢斗。第三是"勇"，两鸡对峙，怒目相对，无论斗鸡时厮杀得多么残酷，参斗之鸡只要有一息尚存，只知向前，无所畏惧。第四是"仁"，鸡不吃独食，只要发现了食物，立刻和同伴们分享。第五是"信"，每天早晨按时打鸣报时，非常守信用。

古人和文人对鸡极为推崇。鸡在优美的神话故事中占有重要的一席之地，甚至是"创世神话"中的主角。

传说女娲造万物，先造六畜，后造人。初时，天为一团混沌，地为一堆泥巴。女娲掺水盘泥，首日捽出一鸡，鸡叫天门开，日月星辰齐出来；次日捽出一狗，狗奔地门启，乃别东南西北四方；三日捽出一猪，猪为家中宝，无豕不成家；四日捽出一羊，以羊祭天，天神赐福；五日捽出一牛；六日捽出一马。鸡犬豕羊牛马，合为六畜。

在《西游记》中，唐僧师徒于毒敌山琵琶洞被蝎子精围困，多亏昴日星官下界

捉妖。那昴日星官住在上天的光明宫，是二十八宿之一，本相是"六七尺高的大公鸡"。它长叫一声，妖现原形，再叫一声，蝎子精浑身酥软，死于面前。另外，孙悟空打不过百眼魔，也是求助于紫云山千花洞的毗蓝婆婆（母鸡神），最后才制服了巨大的蜈蚣精。

可爱的小鸡

　　我家有一只可爱的小鸡，它的名字叫"小草莓"。你知道为什么吗？哈哈！我告诉你，因为它刚买来的时候，毛被染成粉红色，远远望去，就像一个小草莓，所以，我就叫它"小草莓"了。

　　（以名字的由来写起，语言幽默，激发了读者阅读的兴趣。）

　　每次放学回到家，我就急急忙忙跑到阳台上去看我的小草莓，还教它练功。我先拿来一个杆子，让它一动不动地停在杆子上，练习平衡。小草莓黄色的小爪子紧紧地抓在杆子上，粉红色的小嘴叽叽叽地不停叫着，好像在说："我害怕。"接着我又让它练习飞翔。我把它放在垫子上，然后抬上抬下，随着我的动作，小草莓的小翅膀不停地张开合拢，合拢张开。

　　（用"先……接着……然后……"条理清楚地写出了和小鸡相处的快乐。）

　　我还要告诉你一个秘密，你知道我家的小草莓吃什么吗？你肯定会说，当然是米和草了。我家的小草莓不仅吃米和草，它更喜欢吃鸡肉、鸭肉和螃蟹壳里的肉。妈妈说："环境会改变人。"这句话用在我的小草莓身上真是一点都不假，因为我每次都喜欢把我吃剩的东西给它吃，所以它的口味就与众不同了。

　　（用设问的句式引出对小鸡生活习性的介绍。）

　　不过，小鸡带给我快乐的同时，也让我烦恼。小草莓很顽皮，奶奶把它放在纸板箱里，它总是跳出来到客厅里散步，有时一不小心就放一颗"炸弹"——鸡屎。怕妈妈因此而把它丢掉，我想了好多办法，可都不管用，它总是随心所欲地丢"炸弹"。有一回它跳到了奶奶床上，把奶奶吓了一大跳。经过多次实验，我终于想出了一个好办法，那就是用一只小塑料袋分别绑住它的两个翅膀，包住它的屁股，哈

哈，再多的"炸弹"都不怕了。

这就是我可爱的小草莓，你喜欢吗？

（用设问句结束全文，给人留下遐想。）

佳句积累

三更灯火五更鸡。——唐·颜真卿《劝学诗》

风雨如晦，鸡鸣不已。——《诗经·郑风·风雨》

雄鸡一声天下白。——唐·李贺《致酒行》

守信催朝日，能鸣送晓阴。——唐·徐夤（yín）《鸡》

牛刀可以割鸡，鸡刀难以屠牛。——东汉·王充《论衡·卷十二·程材篇》

英语广场

Fun Reading

The Little Girl and Her Chickens
（小女孩和她的小鸡）

Dad：Why are the chickens crying，Kitty?

Kitty：Because I'm bored.

Dad：You have to sleep now.

Kitty：OK！Dad.

Dad：Oh，dear. Why are the chickens crying again?

Kitty：I'm sorry，dad. It is true that I bothered the chickens. But today I went in to apologize to the chickens. I

was going to hug the chickens.

Dad: Oh，sorry. You are truly my darling.

🌿 **Fun Learning**

Let's chant

Hickety，pickety，my black hen（黑母鸡，咯咯嗒）

Hickety，pickety，my black hen!

She lays eggs for gentlemen.

Sometimes nine and sometimes ten.

Hickety，pickety，my black hen.

Can you find the sounds of the animals? （你能找到下面动物的叫声吗？）

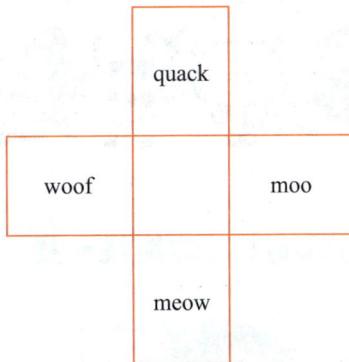

quack

woof   moo

meow

Can you find the described animal and cross the extra letter?
（你能找到句子中描述的动物，并将多余的字母划掉吗？）

He has a horsei.
There are many duceks.
May I have a look at your f iosh?
Miss Wang has a lovely yellow cuat.
They have two sheeps.

Can you find the names of the animals? （你能从字母中找到动物的英文名称吗？）

cratmonkeyedogoboarcroostergot

Can you find and say? （你能找一找，说一说吗？）

What animal can you see in the picture?

Oh, I can see a cat in the picture. I can see...

112

Fun Knowing

★ Don't count your chickens before they're hatched. ［鸡蛋未孵出，先别数小鸡（不要过早乐观）。］

Let's read

The Great Race（有意义的比赛）

A long time ago in China lived the Jade Emperor. It was his birthday. He wanted to measure time to know how old he was. All the animals arrived. The emperor decided to have a race to give a name to each year of the Chinese Zodiac（十二生肖）.

The rat and the cat couldn't swim very well. "Could you take us across the river?" "Yes，jump on quick！" They swam across the river. Then the rat pushed the cat into the water and jumped onto land.

"Well done rat！The first year will be the Year of the Rat and the second will be the Year of the Ox."

"Look！Here's the tiger. He is very tired. The third year will be the Year of the Tiger."

"The rabbit can't swim but he is very clever. The fourth year will be the Year of the Rabbit".

"Why are you late dragon? You can fly！"

"I had to make some rain for thirsty people to drink."

"Well done！The fifth year is the Year of the Dragon."

"What's this? I can hear a horse. No，it's a snake. So the snake has the sixth year."

"Well done！It is good to see you working together！The goat is eighth，the monkey is ninth and the rooster is tenth."

"Sorry I'm late. The water is clean and I needed a bath."

"The eleventh is the Year of the Dog." "You are the last."

"Yes，I had to eat and sleep on the way."

"The last is the Year of the Pig."

And that is how the Emperor chose the animals for the Chinese Zodiac.

艺术乐园

鸡的象征意义是守信、准时。公鸡报晓，意味着天将明。鸡守夜报晓，对于古人来说，意义重大。古代的计时工具非常简陋，如漏壶，它虽可计时，却不可能按时叫醒人们，这时金鸡报晓，告诉人们天快亮了，应该起床准备工作。所以，"鸡"的形象也代表着勤奋与努力。

作品赏析

邮票设计的图案注重色彩的象征性和整体的统一，表现手法多以夸张、变形、简练概括为主，给人以简洁、明快、强烈的艺术美感。

1981年中国鸡年邮票

1993年中国鸡年邮票

1993年美国鸡年邮票

1993年中国香港鸡年邮票四方联

说一说：现实中的鸡与邮票中的鸡有什么不同？

学生作品

鸡年邮票设计（一）
吉静敏（8岁）

鸡年邮票设计（二）
石安景（9岁）

鸡年邮票设计（三）
杨晰帧（9岁）

鸡年邮票设计（四）
马得茗（9岁）

资料包

绘画公鸡的相关资料。

艺术拓展

根据鸡生肖邮票，联想出其他生肖的邮票，是不是也一样美丽呢?

忠诚之狗

成语积累

鸡飞狗跳　　白云苍狗　　狗血喷头

狗吠非主　　狗急跳墙　　狗尾续貂

属狗人出生年份

……1970年，1982年，1994年，2006年，2018年……

趣味阅读

灵犬黄耳

　　魏晋时期，有一个有名的士人叫陆机。他曾经养了一只善解人意的狗，名字叫"黄耳"。有一次，陆机在京师有急事想要通知家人，却又找不到一个能够信任的送信人。

"唉！这该怎么办？这件事如果不赶快通知母亲，那她老人家一定会担心的。"

陆机在房中走来走去，一边叹气，一边想办法，忽然，他低头看见了黄耳，于是灵机一动，把黄耳叫过来吩咐："黄耳啊！这任务要靠你喽！我把这封信写好，你就替我带回家去，要记得带一封回信回来喔！"

黄耳听完陆机的话后，神态严肃，好像听明白了这是一项重要的任务。

陆机写好信后，把信绑在黄耳的身上，然后拍了拍黄耳的头，对它说："好狗儿，一切就靠你了。现在去吧！"黄耳听完，就出发了。

一路上，黄耳不作停留，不停奔跑。饿了就找些剩菜剩饭吃，渴了就喝露水或雨水。就这样，不管日晒或雨淋，黄耳一直向家乡跑去。自从黄耳走后，陆机几乎每天都站在门边望着家乡的方向，心中想着："不知道黄耳到家了没有，希望它一路平安。唉！我叫一只狗送信会不会太为难它？"

陆机每天站在门边等候，门槛都被踏坏了。好不容易过了二十天，黄耳终于面容憔悴地跑回来了。

"喔！我就知道你一定会办到的，真是我的好狗！"陆机高兴地抱着黄耳，并且拿下黄耳带回来的信。

陆机赶紧打开信来看，黄耳这时已经筋疲力尽地倒在地上，一动也不动了。

等到陆机读完信，才发现黄耳已经因为精疲力竭而死了。陆机难过极了，抱着黄耳的躯体痛哭。

"黄耳，你真是一只忠心的好狗，都是我害死你的，呜——我一定会好好埋葬你的，呜——"

陆机在离家不远的地方，选了一块地替黄耳建了一个墓冢。这个地方就是后来所谓的"黄耳冢"。

经典赏析

犬离主

唐·薛涛

驯扰朱门①四五年，毛香足净主人怜②。

无端咬著亲情客③，不得红丝毯上眠。

注释

①朱门：红色的大门，指大户人家。

②怜：爱怜，宠爱。

③亲情客：指与主人感情好得如亲人的客人。

译文

一只容身于大户人家的狗，因为善解人意而得到主人的宠爱已四五年之久，最近却因为咬了一位与主人关系很好的客而遭到了主人的抛弃，从此，再也不能过安逸的生活。

阅读提示

薛涛（约768—832），唐代女诗人，字洪度，长安（今陕西西安）人。居成都时，唐德宗拟授薛涛为秘书省校书郎官衔，但因格于旧例未能实现，人们后来称其为"女校书"。成都望江楼公园有薛涛墓。

全诗以犬自喻，运用了白描的手法，以诗呈画，使读者从中看到了一只垂头丧气、伤痕累累的离家犬，无人知其来处，亦无人知其去处。

知识链接

狗，亦称犬，在十二生肖中排行十一；在六畜中排行老五。它的地位似乎不那么显赫，但在家禽家畜中，犬应该说是最有灵性的。它的善解人意，在六畜中堪称老大。远在殷商时代，甚至更早，先民们就已经对犬这个生灵有了相当深刻的认识。在殷墟出土的甲骨文字中，犬字有多种刻（写）法，都是描摹犬的形状的。先民们如果不是很熟悉这种动物，恐怕就不会创造出这些字。狗和十二生肖中其他动物一样，不仅具有动物的属性，而且有了文化的色彩。因为野犬被驯化为家犬，就是人类对自然的一种征服，是狩猎文明和农耕文明的共同表征。

在中华文化中，犬是人类的帮手、朋友，甚至是神物。请阅读下面一则文言

文，了解关于犬的神话。

《搜神记》节选

远古帝喾（kù）（高辛氏，相传是黄帝之子玄嚣的后代）时，有老妇人，居王宫，得耳疾，医为挑治，得一物，大如茧（蚕）。妇人盛之以瓠，覆之以盘，俄顷而化为犬，其文五色，名盘瓠（hù）。

优秀习作

乡下的狗

老家养了一只大黑狗，叫阿福。阿福总是眯着眼，趴在水泥地上，什么也不过问，一副傻乎乎的模样。不过，你可千万不要被它老实的模样给骗了，其实，这只看起来有些憨憨的狗，聪明得很！

阿福的聪明，体现在它的看门、洗澡与进食上。

（总起句，引起下文。）

阿福的看门，真可谓是独具一格。我们的阿福先生白天是不看门的，白天无论多少人来来往往，它都绝不出一声，只有晚上，它才会出马。而它看门的方式也很特别：双眼眯成一条缝，趴在一棵棵植物的下面，在乌黑的夜晚，谁都发现不了它。可只要有人碰到家里大门一点儿，阿福就会大声狂吠，音调暴躁严肃，就是再壮实的大汉也会吓破胆。

阿福这条狗，十分臭美，可喜欢洗澡了。只要一看到水管，它就会自觉地趴在地上，以为主人要给它洗澡。可是主人看都不看它一眼，去忙自己的事了。阿福看这招行不通，便跑到菜地里打几个滚，把自己弄得又臭又脏。但主人实在是忙，没空给它洗澡，它只好自己给自己舔干净了。真是"聪明反被聪明误"，到头来自己吃了亏，哈哈！

阿福吃饭更是令人发笑。咱们这位尊敬的阿福兄弟，是吃剩菜剩饭的，而且还吃得津津有味。脸盆大小的一碗饭，它三口两口就吃进肚子里了。可它依然不满足，竟对猫咪小姐的饭起了馋。猫咪小姐十分斯文，一口一口慢慢吃、慢慢嚼。这下，阿福可耐不住性子了，它直奔前去，狼吞虎咽，兴奋极了。可是，好景不长，

121

猫咪小姐磨了磨自己的利爪，把阿福给抓伤了。没想到，阿福使出更绝的一招：抬起后腿，用它的"水枪"向猫咪"进攻"，喷出了恶臭无比的尿，把好端端的饭局变成一场"猫狗大战"。

（以总分的结构完成三个特点的描述，层次清楚，叙述生动，特点突出。）

爱干净的小猫既吃不成饭，又给害得脏兮兮的，气得放声尖叫。而阿福呢，又以一副乖乖的、笨笨的样子向主人讨好了。这家伙，可真是大智若愚、诡计多端！

点评：这篇状物的文章主要从看门、洗澡、吃饭三个方面描写了乡下老家大黑狗的特点，而且对每个特点的介绍都采用总分的结构，显得上下文紧凑、连贯，字里行间透露出小作者对大黑狗的喜爱之情。文中好词也不少，如独具一格、津津有味、狼吞虎咽、大智若愚、诡计多端等，准确生动，为文章增色不少。

英语广场

Fun Reading

A Greedy Dog（一只贪婪的狗）

Standing on a small bridge, the dog looked down and saw his reflection（倒影）in the water. He thought it was another dog. "That dog also has a large piece of meat in his mouth. " He said to himself, "I want to get his meat. Then I could have two pieces of meat." He had just opened his mouth to bark at the dog in the water when the meat fell into the water. Unfortunately, he lost his meat. He got nothing at last just because he was too greedy.

Fun Learning

Let's chant

Little Dog（小狗）

Little dog，little dog.

You're cute，you're lovely.

Everybody likes you.

Oh，little dog，little dog.

When I was a dog，

I lived near a house.

When I was young，

I'd like to sing a song.

The dog is cute，

It can make you smile.

Let's make a friend with a dog.

Let it make you smile！

Can you write down the names of the animals？ （你能写出下面动物的英文名称吗？）

Can you draw a little puppy?And try to color it according to the description.（你会画一只小狗吗？试一试，并根据描述给它涂上颜色。）

Hello, everyone! My name is Tony. I am a little puppy. I have a big black nose and two big black eyes. I have white and black fur. And my owner bought me a pair of blue trousers. My paws are brown. I also have a red butterfly tie. I am very cute. Do you like me?

Can you find your friends? Try to match! （你能找到你的朋友吗？试着连一连吧！）

dog

tiger

pig

lion

monkey

Fun Knowing

★ A good dog deserves a good bone.（有功者受赏。）

★ Every dog has his day.（士别三日，当刮目相看。）

★ Love me，love my dog.（爱屋及乌。）

艺术乐园

狗是人类患难与共的朋友，被认为是通人性的动物，它对人类特别忠诚，因而具有忠贞不渝的象征意义。

作品赏析

艺术表现形式除了用各种绘画手法处理，还可以使用粘贴等表现方法，利用谷物、叶子或者一些废旧材料有序地排列组合，也许会有一些意想不到的效果。

125

想一想：哪些材料可以用来制作粘贴画？

我们来学习

粘贴画方法步骤

步骤1：根据材料特点创意、构思。

步骤2：在硬纸板上画出草图（注意主题突出，要有装饰性，内容不宜太复杂）。

步骤3：均匀涂胶或粘上双面胶（注意要涂抹均匀，不要留下空隙）。

步骤4：将材料细心粘贴到图案部分。

资料包

比较下图的不同，选择你喜欢的方式动手试着做一做十二生肖吧！

随和之猪

成语积累

成语积累

猪突豨勇　　泥猪瓦狗　　肥猪拱门
一龙一猪　　杀猪教子　　猪狗不如
豕突狼奔　　牧豕听经

属猪人出生年份

……1971年，1983年，1995年，2007年，2019年……

趣味阅读

趣味阅读

"猪坚强"的故事

2008年四川汶川大地震时，成都彭州市龙门山镇团山村一头大肥猪被埋废墟下，一埋就是36天。6月17日，原成都军区空军某飞行学院战士将这头猪刨出来时，它还活着。

人们觉得这头猪很坚强，许多人都为这头坚强的猪而感动，呼吁不要把它变成美味。

把猪救出来后，女主人给它喂食，这头猪还流下了泪水。主人认为它好像通人性，很感动，也舍不得杀它，但他们没能力把猪养下去。

建川博物馆馆长樊建川用3008元将这头猪买下来，给它取了小名"36娃儿"，大名"猪坚强"。

"猪坚强"从此住进了博物馆，得以颐养天年，免遭被屠宰的命运。建川博物馆还捐了1万元资助猪主人家恢复生产生活。

《成都商报》的记者专门对"猪坚强"的事迹做了采访，四川在线等各大网站也都做了报道，一时"猪坚强"成了一个"大英雄"，被人们热议。

一家从事音乐产品策划制作的文化传播公司组织人员为"猪坚强"写了歌词，谱了曲，并安排歌手演唱歌曲《猪坚强》。"猪坚强"的音乐作品还被制成了动画片和手机铃声，可以网络下载。《猪坚强》歌曲旋律优美，具有励志色彩：

你膘肥体壮的确有点胖，憨头憨脑日子过得很坦荡。你的肚子吃得像个大粮仓，不管好的坏的都往里装。

你生在叫天府之国的地方，如果去选美真的很不漂亮，可是当灾难突然从天降，你创造的生命奇迹叫坚强。

像猪一样的坚强，积蓄更多的能量。在绝境中把最美的梦想守望，不会害怕不会慌张。

像猪一样的坚强，拥有平凡的力量，让死神在无奈中仓皇逃亡，决不退缩决不投降。

经典文化

中国猪文化

猪是大家非常熟悉的家畜，民间称其为六畜之首。猪在生肖属相中排在最后，让猪做十二生肖的压阵之物，倒也名副其实。

我国养猪历史已经有七八千年了。在许多古人的墓葬中，远至新石器时代的

人类遗址，都不乏猪的遗骸，因为他们常常以牲畜的多寡来显示地位和富裕程度，由此，葬猪或以猪做祭祀品就显得十分重要。家祭时，陈豕于室，合家而祭，故"家"是宝盖下有个"豕"字，这乃是今天我们所用"家"字的由来。也有人解释为农耕社会居室之下养一猪。

古文中，关于猪的文字有不同的表达方式。《方言》曰："猪——关东谓之彘（zhì），或谓之豕，南楚谓之豨（xī），其子之谓之豚，或谓之貕（xī）。吴扬之间谓之猪子。"汉字中的"豭（jiā）"为公猪之意，"豝（bā）"为母猪之意。在民间，猪有不少别名，"刚鬣（liè）""亥氏""糟糠氏""黑面郎""乌将军""长喙将军""天蓬元帅""乌羊"，还有"乌金"……故而杜甫诗曰："家家养乌金，顿顿食黄鱼。"有人解释"乌金"比喻养猪生财。有趣的是，我国西南山区养的一种猪就叫乌金，在乌蒙山与金沙江一带，地域与形象、民俗竟如此有机地在猪的身上融合了，说明我国农耕文明中的猪文化内涵之丰富。我国民间常把猪比成好吃懒做的形象，猪八戒就是家喻户晓的人、猪、神三位一体的角色，虽是神话，但人性与猪情，鲜活生动，惹人喜爱，也多少反映了明朝中后期的民俗世情。

曾子杀猪

曾子之妻之市，其子随之而泣。其母曰："汝还，顾反为汝杀彘（zhì）。"妻适市来，曾子欲捕彘杀之。妻止之曰："特与婴儿戏耳。"曾子曰："婴儿非与戏也。婴儿非有知也，待父母而学者也，听父母之教。今子欺之是教子欺也。母欺子，子而不信其母，非所以成教。"遂烹彘也。

——《韩非子·外储说左上》

译文

曾子的妻子要到集市上去，儿子哭着要跟母亲去。母亲说："你回去，等我回来为你杀猪。"她刚从集市上回来，曾子就要给儿子杀猪吃。妻子赶忙阻止说："我不过是开玩笑罢了，你居然信以为真了。"曾子说："不可同孩子开玩笑。孩子小，正要依赖父母去学习，听从父母的教导。现在你欺骗孩子，就是在教他欺骗别人。母亲欺骗了孩子，孩子就不会相信他的母亲，就达不到教育的效果。"于是曾子就杀猪煮肉给孩子吃了。

辽东之豕

往时辽东有豕，生子白头，异而献之，行至河东，见群豕皆白，怀惭而还。

——《后汉书·朱浮传》

译文

古时辽东有一头猪生下来的小猪崽头是白的，当地人以为稀奇，将它视为宝物，将其进献皇帝。走到黄河以东地区，见所有的猪都是白头，自知见识不大，少见多怪，十分羞愧地返回了辽东。

经典赏析

游山西村

宋·陆游

莫笑农家腊酒①浑，丰年留客足鸡豚②。

山重水复③疑无路，柳暗花明④又一村。

箫鼓⑤追随春社⑥近，衣冠简朴古风存⑦。

从今若许⑧闲乘月⑨，拄杖无时⑩夜叩门⑪。

注释

① 腊酒：腊月里酿造的酒。

② 足鸡豚（tún）：意思是准备了丰盛的菜肴。豚，小猪，诗中代指猪肉。足，足够，丰盛。

③ 山重水复：一座座山、一道道水重重叠叠。

④ 柳暗花明：柳色深绿，花色红艳。

⑤ 箫鼓：吹箫打鼓。

⑥ 春社：古代把立春后第五个戊日作为春社日，拜祭社公（土地神）和五谷神，祈求丰收。

131

⑦ 古风存：保留着淳朴古老的风俗。

⑧ 若许：如果这样。

⑨ 闲乘月：有空闲时趁着月光前来。

⑩ 无时：没有一定的时间，即随时。

⑪ 叩（kòu）门：敲门。

译文

可别笑话朴素的农家腊月里自酿的酒浑浊，正值丰年，杀鸡宰猪殷勤待客，酒香中溢出的农家热情早已使人心驰神往。

山峦重重叠叠，溪流迂回曲折，寻寻觅觅，似已无路可走，忽然柳树茂密，山花鲜艳，又一村庄出现在眼前。

春社祭祀的日子近了，村里吹箫打鼓热闹起来了，农家人布衣毡帽，淳朴的古风犹存。

今后如果还能趁着大好月色出外闲游，我一定拄着拐杖随时来敲（农家）家门。

阅读提示

陆游（1125—1210），宋代爱国诗人、词人，字务观，号放翁，越州山阴（今浙江绍兴）人。他具有多方面文学才能，尤以诗的成就为最高，在生前即有"小李白"之称，存诗9300多首，是文学史上存诗最多的诗人。

这是一首纪游抒情诗，是陆游的名篇之一，选自《剑南诗稿》。当时陆游正罢官闲居在家。对照诈伪的官场，诗人对家乡淳朴的生活产生无限的欣慰之情，把秀丽的山村自然风光与淳朴的村民习俗和谐地统一在完整的画面上，构成了优美的意境和恬淡、隽永的格调。同时一个热爱家乡，与农民亲密无间的诗人形象跃然纸上。

优秀习作

我家的小白猪

我家养了两头胖胖的小白猪，我可喜欢它们啦。它们长着一对扇子般的大耳

朵，一跑动起来，那两把扇子就扇个不停，可逗了。（比喻恰当，形象生动）它们的长鼻子上那对圆鼻孔，总是不时地发出满意的哼哼声，好像在说："看我多棒！"（采用联想，突出形象）它们的大嘴巴也总是吧唧个不停，像是有永远嚼不完的美味。它们趴在地上的时候，卷成圈儿的小尾巴也不停地摆动着，自得其乐地配合着自己的"哼哼曲"。

说起小白猪的吃相，那真是没有一点绅士风度，往往是妈妈刚打开猪圈的门，它们就闻风而动，嗷嗷叫着直奔过来。当妈妈把拌好的猪食倒在食盆里，它们就你争我抢，狼吞虎咽，毫不谦让。（短句描述，形象跃然纸上）还不停地"哼哼"，像是在向同伴示威。它俩总是把满满的一盆猪食都给拱撒了，溅到妈妈的裤腿儿上。每当这时，妈妈就气得大声斥责它们。可小白猪呢，两耳不闻身外事，一心只把食来抢。唉，真拿它们没办法！

小白猪在一天天地长大，贪睡的本性一点儿也没改。（过渡句引起下文）每次吃饱后，它们就晃着圆圆的大肚子，慢吞吞地来到充满阳光的猪圈墙根儿处，挤在一块儿睡觉。你看它们睡觉时的样子多可笑啊：一个想把头钻进另一个的身子下面，另一个就顺势把腿搁在这一个的身上，如此这般不断调整，直到它俩都认为舒适，接下来便各自睡起大觉来。（巧用"挤、钻、搁"等动词，细致地描摹小白猪的动作）听着那"呼噜呼噜"的鼾声，就知道它们睡得有多香了。

这两头小白猪像两个捣蛋鬼，顽皮又可爱。夏天里的每个上午，妈妈都要打开猪圈门让它们到院子里撒撒欢儿，这时整个院子就成了它们的地盘。它们喜欢在院子里横冲直撞，把鸡、鸭吓得满院惊飞，这边"咯咯"，那边"嘎嘎"，叫声不绝于耳。（从侧面巧妙地写出小白猪的"顽皮可爱"）然后把长鼻子贴到泥土地上，这里拱拱，那里拱拱，一会儿到院墙根儿拱一阵子，一会儿又到柴垛里拱一拱，好像那里有无尽的宝藏似的。它们把自己弄得灰头土脸的，却依然兴奋得直哼哼。它们折腾够了，就会到院子里的那个小水坑里进行"猪泳"比赛。每当此时，就会泥水飞溅，小白猪霎时变成小泥猪了。

我喜欢我家贪吃贪睡又淘气的小白猪，它们为我带来了无穷的乐趣。

英语广场

Fun Reading

Three Little Pigs（三只小猪）

Long ago, three little pigs lived with their mother in a small village. Long-Long was the youngest pig. He helped his mother with the housework. But his brothers Ding-Ding and Dong-Dong were very lazy.

Mother pig：You have grown up. You must make your own houses. Goodbye，little pigs. Build a house. Be careful of the wolf.

Pigs：Yes，Mum. Goodbye.

Wolf：I'm hungry. Look！Three little pigs can be my dinner！

Long-Long：What are you doing，brothers?

Ding-Ding：I'm building a house with leaves.

Dong-Dong：I'm building a house with sticks.

Long-Long：But leaves and sticks aren't strong.

Brother pigs：Yes，we know. But it's easy. What are you doing?

Long-Long：I'm building a house with bricks.

Brother pigs：Bricks！That's very difficult.

Long-Long：I know. But bricks are strong.

134

Brother pigs：Oh，we've finished. Let's have a rest.

Long-Long：My house was built strongly.

Wolf：Little pigs. Little pigs. Open your doors！

Brother pigs：No. No. Go away.

Wolf：This is very easy. Sticks and leaves aren't strong enough.

The wolf blows the houses down. Ding-Ding and Dong-Dong run to Long-Long's house. No pains，no gains.（不劳不获）Long-Long's hardworking brings them a safe and happy life.

Fun Learning

Let's chant

Five Little Pigs（五只小猪）

This little piggy went to market.

This little piggy stayed at home.

This little piggy had roast beef.

This little piggy had none.

And this little piggy cried.

Can you write down the names of the animals?（你能写出下列动物的名称吗？）

Can you color Mr.Pig?（你能给小猪八戒涂上你喜欢的颜色吗？）

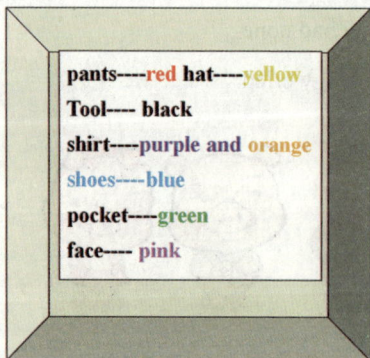

pants-----red hat-----yellow

Tool----- black

shirt-----purple and orange

shoes-----blue

pocket-----green

face----- pink

十二生肖

Can you guess?（你能猜出来吗？）

What animal wears big black glasses on its face?

A.    B.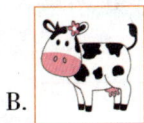

I am an animal kept by farmers to produce milk.

A.    B.

Fun Knowing

★ Pigs might fly.（无稽之谈，奇迹可能会发生。）

★ Buy a pig in a poke.〔（未见实物而）乱买东西（吃了亏）。〕

艺术乐园

上古时候，猪在中国人的家庭里是很有地位的。在以象形和会意著称的汉字"家"中，其宝盖头下的"豕"代表的就是猪的形象。由此可见，在古时候人们的心中，无猪不成家。猪象征着勇敢、忠诚、厚道。

作品赏析

　　憨态可掬的猪也是艺术家们乐于表现的一种动物，把司空见惯的动物用各种艺术形式表现出来，会让我们感受到各种不同的效果。

韩美林 《猪》

朱小静 《剪纸猪》

民间工艺 《绣花鞋》

凤翔泥塑 《花猪》

木雕 《懒洋洋》

杜军护 《生肖猪》

　　说一说：艺术作品中的猪有什么特点？

小朋友们，知道这幅作品属于什么画吗？它叫挂盘画。挂盘画可以用各种材质、形状的盘子，运用画、剪、贴等多种表现手法制作完成。

挂盘画欣赏

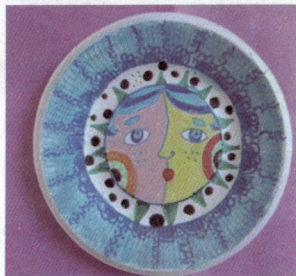

我们来学习

小知识

装饰色彩

我国的民间年画多用极色，以黑、白、红、绿、黄、紫等对比强烈、鲜明的色彩来组成画面。民间画工的配色往往是内容和形式上综合考虑的结果，如"粉青绿，人品细"，是指性格温柔妇女形象的衣饰配色；"红配黄，喜煞娘"，是指新娘形象的衣饰配色。民间画工运用色彩很少受表现对象的限制，如把红、紫、黑色称为"硬色"，把黄、桃红、绿称为"软色"，从而总结出"软靠硬、色不楞""紫是骨头绿是筋，配上红黄色更新"的设色原则，意为软色和硬色搭配使用更为恰当。因为硬色明度相近，互相配合画面易"发闷"，与"软色"搭配拉开距离，在明度上形成对比有序的关系。例如，"红配紫、臭似屎"说明紫与红色同是硬色，将它们搭配在一起容易产生气闷之感。

资料包

不同的花边参考

不同的色彩参考

艺术实践

利用我们所学的知识创作一幅以猪为主题的挂盘画作品。

参 考 文 献

［1］陈山桥.动物纹样剪法：民间剪纸技法研究［M］.西安：陕西人民美术出版社，2012.

［2］人民美术出版社.小学美术五年级教材（上册）［M］.北京：人民美术出版社，2014.

［3］刘德龙，张廷兴.生肖龙［M］.济南：齐鲁出版社，2005.

［4］张新彦，李华生.中华诵国学经典诵读［M］.北京：现代教育出版社，2011.

［5］赵书.鸡年说鸡［J］.理论与实践，1994（2）.

［6］李涛.新课程语文阅读（三年级下）［M］.西安：陕西师范大学出版社，2007.

［7］未知.残雪小说中的《山海经》蛇鼠原型分析［EB/OL］.（2019-07-25）.
http://www.doc88.com/p-902997285722.html.

［8］钟林斌.狗年说狗话古今［J］.理论与实践，1994（2）.

［9］zyiner.鸡的传说：身世不凡的灵禽［EB/OL］.（2017-01-19）［2019-08-01］.
http://www.guoxue.com/?p=41332.

［10］未知.关于十二生肖的小故事［EB/OL］.（2018-03-10）.http://www.oh100.
com/gushi/1182632.html.

［11］未知.十二生肖——虎的典故［EB/OL］.（2019-11-11）.http://www.xuexila.
com/yu/diangu/c193113.html.

［12］未知.成语故事《叶公好龙》［EB/OL］.（2016-03-24）［2019-04-30］.om/
en_yingyugushi/p770643/.

致　谢

　　本书在主编的精心策划下，全体编写人员付出了艰辛的劳动，在此表示衷心的感谢！本书在编写过程中还得到了咸阳市教育教学研究室主任孙荣同志的关心与支持，得到了杜军护、杨彩霞、刘沣涛、李静如、王燕等老师和外籍教师Bryan Schwing的帮助，得到了各位同仁的鼓励，在此表示诚挚的感谢！本书中部分文字与图例的编订参阅了有关网络和图书资料，在此亦向其编著者和作者致以谢意！

　　声明：本套书在编写过程中，未能和一部分作者取得联系，在此深表歉意。敬请作者见到此声明后与我们联系。联系电话：029-33328297，电子邮箱：2513361399@qq.com。